はじめに

JN121555

　要介護状態等にある利用者の尊厳の保持と自立した日常生活の実現のために介護保険制度が設けられ、それを具体的に運用するためにケアマネジメントが制度化されました。それから20年にわたる月日が流れ、制度もケアマネジメントも広く国民に浸透しました。その陰には、ケアマネジャーと呼ばれ定着した介護支援専門員のたゆまぬ努力があったと思います。はからずも要介護状態となり落胆した人々に気持ちを寄せたケアマネジメントで支援を行ってきた介護支援専門員の働きは確実に人々や社会の役に立ってきたのです。

　しかし、ケアマネジメントが進化の歩みを止めることがあってはなりません。家族や地域の扶助力が弱まり蔓延化した利己主義の中にあっては、人々の孤立が深まっているように見えます。「人は人を必要としているのに」です。そうした社会の変化の中にあって、要介護状態にある利用者を大切にし、幸せを願って支援するケアマネジメントの必要性はますます高まっていると言えます。このため介護支援専門員は今後もケアマネジメントの技術を磨いていかなければなりません。利用者の置かれた実情（状態）と弱くなり損なわれた生活動作、そのことから生じる生活上の支障（問題）を知り、それを乗り越えて暮らしていこうとする意向（生活への意欲）を高め、それらを踏まえて必要なサービス・サポートをどのように活用していくのか。利用者と共に行うこの一連の実践技術を高めていくことが大切なのです。

　この事例集は、そうした要請に応えるために、東京都庁による「基本情報シート」「リ・アセスメント支援シート」「ケアプラン確認シート」を用いて作成されています。これらのシートは、利用者の自立した日常生活の実現を支援するために必要な、利用者の実情（状態）を明らかにしたアセスメントの結果をケアプランの作成につなぐ（橋渡しをする）構造を持っています。この構造は介護支援専門員の思考回路そのものであり、それを極める努力がケアマネジメントを向上させると思います。

　本書に収録された事例は、実例を踏まえてケアマネジメント実践の実情を知り尽くした方々により作成されました。その作業は朝から晩まで続く検討を何度も何度も積み重ねたものでした。ケアマネジメントが向上し、要介護状態にある利用者の幸せな生活の実現を願い、そのために苦心を重ねている多くの介護支援専門員の役に立ちたい、という情熱のかたまりのように見えました。敬服に値します。また、こうした趣旨を普及するために一緒に参加し、ご苦労の末、出版いただいた東京都福祉保健財団に深く敬意を表する次第です。

　本書が広く読まれ、個々の介護支援専門員にとどまらずケアマネジメント全体の水準が向上していくことを願ってやみません。

令和2年1月31日

佐藤　信人

目　　次

2

～本書をお使いになる際の留意点～

　本書で用いている居宅サービス計画、施設サービス計画は平成11年老企第29号厚生省老人保健福祉局企画課長通知に示されているもの、介護予防サービス計画は平成18年老振発第0331009号厚生労働省老健局振興課長通知に示されているものを使用しています。

　参考文献等は巻末に表記しています。

　法令用語の表記は原文のまま記載することを原則としています。ただし、下記の用語は本文表記を原則とします。（法令用語の表記は図表においても同様です。）

本文表記	法令表記	根拠法令
介護支援専門員	介護支援専門員	介護保険法（平成9年法律第123号）第7条第5項
アセスメント	解決すべき課題の把握	指定居宅介護支援等の事業の人員及び運営に関する基準（平成11年厚生省令第38号）第13条第7項
ケアプラン	居宅サービス計画※	指定居宅介護支援等の事業の人員及び運営に関する基準（平成11年厚生省令第38号）第13条第4項
	施設サービス計画※	指定介護老人福祉施設の人員、設備及び運営に関する基準（平成11年厚生省令第39号）第12条
	介護予防サービス計画※	指定介護予防支援等の事業の人員及び運営並びに指定介護予防支援等に係る介護予防のための効果的な支援の方法に関する基準（平成18年厚生労働省令第37号）第30条

※これらの計画で作成される「居宅サービス計画書」「施設サービス計画書」「介護予防サービス・支援計画表」も「ケアプラン」と表記しています。

【ジェノグラム】

記号により対象者の家族・親族関係を図で表したもの

記号は次の①から⑥の内容を表しています。

①対象者　　男性　□　　女性　○　　性別不明　△　　利用者は二重　◎　□

②年齢　　⑱　対象者の記号の中に年齢を記入します。

③死亡　　⊠　記号に×を入れる又は■●塗りつぶします。

④婚姻関係等　結婚　□─○　　別居　□─╫─○　　離婚　□╫╫○　　内縁　□----○

⑤家族関係　子供　□─○　　里親または養子　□┈○　　双子　□─○

⑥同居の状況　　同居者は○で囲みます。

出典：公益財団法人東京都福祉保健財団「改訂介護支援専門員実務研修テキスト－新カリキュラム対応－」P671　2018

リ・アセスメント力を高める意義

　介護保険制度では「高齢者が要介護状態になっても尊厳を保持して、その有する能力に応じ自立した日常生活を営むことができるようにする」ことを目的としています。

　介護支援専門員は個々の利用者が「尊厳を保持した自立した日常生活」を送れるようにするための支援を行います。介護支援専門員が行うケアマネジメントプロセスの中で最も重要と言われているのが「アセスメント」です。要介護状態となった現状を踏まえ、利用者・家族の生活上の支障とそれを乗り越えていく意向を明らかにして、利用者の希望する生活「自立した日常生活」に向かうための設計図となるものが「ケアプラン」です。この設計図の根拠となるものがアセスメントだからです。

　「尊厳の保持」に配慮した支援も求められます。目の前にいる利用者にとっての「自立した日常生活」を支援するためには、利用者自身がこれまで、あるいは今、何を生活上の楽しみとし、どのようなことに生きがいを感じ、どのように家族と共に人生を送り、送ってきたのかを理解した上で、初めてその方にとっての「自立した日常生活」がイメージできるようになるのではないでしょうか。一人ひとりの利用者は誰一人として同じではなく、個人として尊重される必要があります。

　要介護（要支援）状態になり、これからの生活に不安を抱えている利用者や家族に対して、どのような手立てにより「自立した日常生活」を送れるようになるか分かりやすく説明するために利用者・家族と共に考えるツールとなるのがアセスメントです。

　また、保険者である市町村により行われるケアプラン点検において、介護支援専門員によるケアマネジメントが真に自立支援に資する支援となっているかどうかの確認をする際の根拠となるのもアセスメントです。

　アセスメントからケアプランまでのプロセスでは利用者の問題認識や意向と介護支援専門員の専門職としての判断や考え方が重要となります。

　アセスメントは1回で終わるものではなく、初回のアセスメントからモニタリング等（サービス事業者等との情報交換も含む）による情報等を追加することでさらに理解が深まり、より自立した日常生活の支援につながります。

　介護支援専門員がケアマネジメントを実施している期間は常にアセスメントを繰り返すこととなり、「アセスメント力」を高めることは必須と言えます。「リ・アセスメント」は、自分のアセスメントを「振り返り」内省するためのものです。それが介護支援専門員の力量を高めることにつながります。

第1章

リ・アセスメントの必要性

第1節 リ・アセスメントの必要性が求められる背景

　介護保険制度が平成12（2000）年にスタートし、その後、制度の見直しが行われてきました。制度の要である介護支援専門員が行うケアマネジメントに関する課題も議論されてきました。

　国では、介護支援専門員の資質向上と今後のあり方について議論を行うことを目的とする検討会が設置され、平成25（2013）年1月に「介護支援専門員（ケアマネジャー）の資質向上と今後のあり方に関する検討会における議論の中間的な整理」（以下「中間的な整理」という。）が発表されました。

　以下は「中間的な整理」からの抜粋です。

総論より
① 介護保険の理念である「自立支援」の考え方が、十分共有されていない。
② 利用者像や課題に応じた適切なアセスメント（課題把握）が必ずしも十分でない。
③ サービス担当者会議における多職種協働が十分に機能していない。
④ ケアマネジメントにおけるモニタリング、評価が必ずしも十分でない。

各論より
ケアマネジメントの質の向上に向けた取り組みとして
～アセスメントの重要性と課題抽出プロセスの明確化～
　アセスメントは、利用者が自立した日常生活を営むことができるよう支援する上で解決すべき課題を把握するものであり、特に重要なプロセスである。また、自立支援に資する適切なケアマネジメントを行う上でも、介護支援専門員がどのような考えで課題や目標を導き出したのか、そのプロセスを明らかにすることは、アセスメント能力を向上していく上でも重要なことである。
　また、そのことにより、サービス担当者会議において考え方等の共有がなされ、サービス内容の検討が円滑に進むことが期待される。

　一連のプロセスの中で、アセスメントは最も重要なものであることは「リ・アセスメント力を高める意義」で述べました。

介護支援専門員はアセスメントに基づきケアプランを作成しますが、「中間的な整理」にもあるように介護支援専門員の専門的判断として、どのような考えで利用者の生活全般の解決すべき課題（ニーズ）を導き出したのかを明確にします。このことは介護支援専門員が専門職であることの証です。

　また、平成28（2016）年12月には社会保障審議会介護保険部会より「介護保険制度の見直しに関する意見」において、介護支援専門員の資質向上を図る観点から、適切なケアマネジメント手法の策定が重要であり、アセスメントやプロセスの手法の標準化を推進すべきとの意見がありました。

　そもそも、アセスメントとは課題分析であり、居宅介護支援運営基準の解釈通知（平成11年7月29日老企第22号厚生省老人保健福祉局企画課長通知「指定居宅介護支援等の事業の人員及び運営に関する基準について」第23（7）⑥）では、

> 課題分析とは、利用者の有する日常生活上の能力や利用者が既に提供を受けている指定居宅サービスや介護者の状況等の利用者を取り巻く環境等の評価を通じて利用者が生活の質を維持・向上させていく上で生じている問題点を明らかにし、利用者が自立した日常生活を営むことができるように支援する上で解決すべき課題を把握することであり、利用者の生活全般についてその状態を十分把握することが重要である。

　解釈通知にあるように、情報を収集・整理・分析した上で「生活全般の解決すべき課題（ニーズ）」を抽出します。このプロセスは、専門職としての思考であり専門的な視点から原因や背景を分析し、今後の見通しを検討し改善の可能性があるのか、悪化を防止するためにはどのような支援が必要と考えたのか等、ケアマネジメント上重要な部分になります。介護支援専門員の思考経路が明らかになっていなければ、作成された「ケアプラン」が自立支援に資するものであるか否かは不明となってしまいます。

　このような状況の中、介護支援専門員がどのような情報を収集し、利用者や家族が日常生活においてどのような問題（生活上の支障）を有しているのか、これからの暮らしをどのようにしたいと希望しているのか、現在の状況について利用者に関わる医師等の専門職からはどのような意見を受けているのか。そしてこれらを総合して介護支援専門員としてどのような判断をしたのか、これらの思考経路を可視化することが求められます。

第2節　自立支援に向けたケアマネジメント

　介護保険制度は「自立支援」を目指しているわけですが、この自立支援を実施する専門職として介護支援専門員を位置づけて制度化しています。

> 介護支援専門員の定義　　　　　（介護保険法（平成9年法律第123号）第7条第5項）
> （略）要介護者又は要支援者（以下「要介護者等」という。）からの相談に応じ、及び要介護者等がその心身の状況等に応じ適切な居宅サービス、（中略）施設サービス（中略）を利用できるよう市町村、居宅サービス事業を行う者（中略）介護保険施設（中略）との連絡調整等を行う者であって、要介護者等が自立した日常生活を営むのに必要な援助に関する専門的知識及び技術を有するものとして第69条の7第1項の介護支援専門員証の交付を受けたものをいう。

　利用者の立場に立てば、全ての介護支援専門員が法に規定された定義通りの専門職であると期待するでしょう。担当になった介護支援専門員の違いにより「自立した日常生活」が送れるようになったり反対に状態が悪化してしまうようなことになったりしてはならないのです。

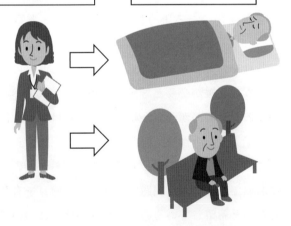

　「自立支援」が介護保険法の理念であることは誰もが理解していることですが、「自立とは」と問われた時にどのように考えるのでしょうか。

　介護保険法の第1条に「～その有する能力に応じ自立した日常生活を営むことができるよう～」とあります。では、一人ひとりが自分自身の能力に応じて自立した日常生活を送るとは具体的にはどのように考えればよいのでしょうか。

　「自立」には身体的自立や精神的自立、経済的自立などがありますが、利用者ができなくなってしまったことが元どおりできるようになったり、要介護度が改善することが介護保険制度の目的なのでしょうか。本来は、利用者が尊厳を保持し自己決定できることが、自立した日

常生活につながるのではないでしょうか。自分の暮らしや人生をどのように送りたいのかを自分自身で決めて生きていくことが重要でしょう。では、自己決定しづらい認知症の方への支援は、どのように考えたらよいのでしょうか。意思表示などに支障があっても感情は、残されています。本人の表情や態度が落ち着いていて、安心して暮らせることが必要でしょう。

自立・自立への姿勢
（人が要支援、要介護の状態になっても）可能な限りできる範囲で、自分らしく、楽しみのある幸せな生活を営むこと。
自分の生活、人生に主体的・積極的に参画し自分の生活、人生を自分自身で創っていくこと。その生活・人生が人に幸せをもたらすものであること。
　　　　　　　　出典：佐藤信人「尊厳―あなたがいなければ、私はいない―」P18　ぱーそん書房　2019

　要支援・介護状態にあっても利用者が楽しみを持って自分らしく暮らせるように支援することが介護支援専門員に求められる役割ではないでしょうか。

求められるケアマネジメント

　この方から相談を受けました。
　この方はどんな状態で、どうしたいのでしょうか。

困ったな……

　この方のケアプランをケアマネジメントから考えてみましょう。次に
考えられるいくつかのケアプランのパターンを説明します。

1 「言いなりケアプラン」の場合

　下図のように、利用者からの要望（意向）を受け、介護支援専門員が利用者の言う通りにケアプランを立て、サービスの調整を行うのみであれば、介護支援専門員としての役割を果たしているとは言えません。「不安だからヘルパーに来て欲しい。」と言っていますが、何が不安なのでしょうか。介護支援専門員はアセスメントを実施して把握する必要があります。

　また、利用者は「車いすを借りたい。」と言っています。利用者自身の知識や持てる情報の中で介護保険制度では車いすを借りることができることを理解して、このような要望を出しているのであれば、サービスの自己決定をしていると言えるでしょう。

　その場合、現時点では車いすが必要な状態と認識していると考えられますが、モニタリングし、車いすの使用が適切か否かの判断が必要となります。専門職としての関わりなしに利用者からの「言いなり」のままで支援することは適切とは言えないでしょう。

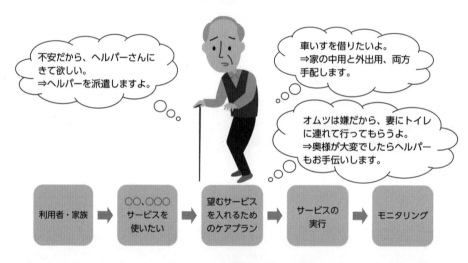

イラスト除く出典：佐藤信人　東京都主任介護支援専門員研修資料

2 「御用聞きケアプラン」の場合

　次の図では、利用者からのサービスへの要望はありません、なぜでしょうか。困ってはいるものの何をどのように相談すればよいのか分からず、途方に暮れているかもしれませんし、実質的に「お任せします」という状態なのかもしれません。

　その場合、当面（利用者が自分の状況を認識し、意向を言える状態になるまで）は、介護支援専門員がアセスメントに基づいた提案をしながら支援する必要があります。

イラスト除く出典：佐藤信人　東京都主任介護支援専門員研修資料

3　「問題解決型ケアプラン」の場合

　問題解決型は一見すると適切な支援と思われます。

　「力が入らない原因は何だろう、力が入るようにリハビリが必要だ。」「腰が痛いなら病院受診の必要がある。」というように、介護支援専門員は当面の語られた問題を解決することでよしとしてしまうことがあります。ここからは「生活」が見えません。

　介護支援専門員には「利用者が自立した日常生活を営むことができるように、支援する上で解決すべき課題を把握する。」ことが求められています。

　利用者は力が入らないことが原因で「日常生活を送る上でどのような支障があるのか」を把握した上で、利用者が希望する暮らしに向けて支援することが必要ではないでしょうか。

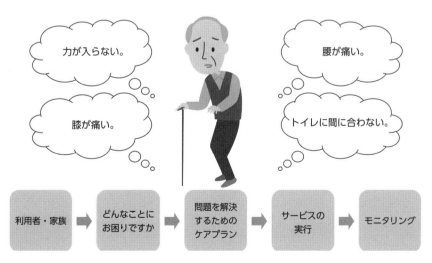

イラスト除く出典：佐藤信人　東京都主任介護支援専門員研修資料

4　「自立支援型ケアプラン」の場合

この自立支援型ケアプランの利用者はどんな生活がしたいのでしょうか。

「できないからって、諦めたくない。」と言っていますが、何を諦めたくないのでしょうか。

「不安があるけれど、この家で妻と暮らしたい。」とも言っています。これがこの利用者が望んでいる暮らしなのではないでしょうか。

　介護支援専門員は利用者がどのように暮らしたいのか（自立した日常生活）をしっかりと聞き取り、専門職としての知識を駆使し、その希望がかなえられるようになるための提案（転ばないためのリハビリや環境整備、病気や機能障害の原因を専門職に相談しながら、今後の対策を考える等）をしています。その提案は自分だけの意見ではなく、利用者に関わる多職種との意見も確認して、「自立した日常生活」の実現を目指した支援を実施しようとしていることが分かります。

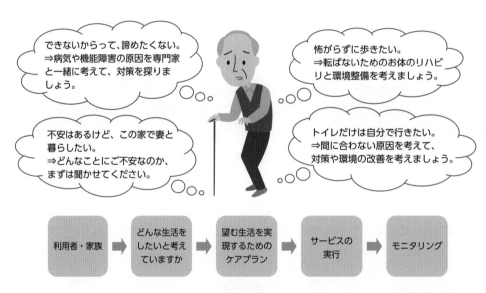

イラスト除く出典：佐藤信人　東京都主任介護支援専門員研修資料

第2章

自立支援を目指したケアプランの作成

第1節　基本情報シート、リ・アセスメント支援シートを活用して目指すもの

　先に述べた「中間的な整理」（6頁）により、介護支援専門員の質の向上に向けて「介護支援専門員がどのような考えで課題や目標を導き出したのか、そのプロセスを明らかにすることは、アセスメント能力を向上していく上でも重要なことである。」と指摘されました。特に「リ・アセスメント支援シート」は、介護支援専門員が頭の中で考えていたこのプロセスをシートの流れに沿って記入することで思考経路が明らかになるように構成されています。

1　基本情報シート

　「基本情報シート」は厚生労働省が提示した基本情報のうち9項目を網羅した構成になっています。様々な項目がありますので、各項目にどのような内容を記入するのかを次に示します。

❶ 事業所が初めて利用者の情報を得た日。その後見直しなどを行った場合でも修正しない。

❷ 相談を受けた時の事業所職員及び受付方法

❸ 今回のアセスメント実施日

❹ 担当介護支援専門員の氏名

❺ 更新認定時や変更認定時は前回のアセスメント実施日を記入（初回の場合は空欄）

❻ 今回のアセスメントの理由に○を付す。

❼ 家族状況について記入図式化することで利用者と家族の全体像が理解しやすくなる。

❽ 主たる介護者は誰なのかを記入
例 主・副

❾ 緊急時に家族などに連絡を要する事態が発生した時の優先順位を記入
例 1，2，3

❿ 家族に関する情報で利用者との関わりの深さや支援の可能性などを記入
例 長男は単身赴任で遠方にいるが、緊急時は長男が対応

⓫ 特別養護老人ホームへの入所やサービス付き高齢者向け住宅への入居の場合は、「他」に○を付し、（　）内に施設種別を記入

⓬ 住宅の間取りと利用者の生活動線等を記入。（利用者が普段過ごしているのはどこか、ベッドからトイレまでの

距離等）

⓭ 生活上の支障になっている内容を記入
例 居室内や廊下に様々な物品が置かれ転倒の危険が高い。

⓮ 介護支援専門員が判断した改修の必要性の有無に○を付し、必要とする場合は具体的な内容を記入し、必要性はあるが、改修できない事情がある場合はその理由を記入
例 自宅内はバリアフリーだが、道路から玄関までの段差解消が必要

ふりがな				
利用者氏名			相談者氏名 ❺	続柄
			前回アセスメント状況 実施年月日	令和

生年月日	明・大・昭　　年　　月　　日	歳	性別	男

現住所	〒

家族情報・緊急連絡先	介護者	緊急の連絡先	氏名	続柄	同居・別居	
	❽	❾			同・別	
					同・別	
					同・別	
					同・別	
					同・別	

住居	戸建（平屋・2階建以上）・アパート・マンション・公営住宅　（
エレベーター	無・有（　　　　　　　　　）　所有形態　持ち家

（住宅間取図）⓬

住居の状況

基本情報シート

基本情報シート

③ 作成日		基本情報 ①
④ 作成者		

| 本人・家族・他（　）| ① 受付日 | 令和　年　月　日 | ② 受付対応者 | | ② 受付方法 | 来所・電話・他（　）|

| 年　月　日 | ⑥ 理由 | 初回・更新・状態の変化・退院・退所・他（　）| 実施場所 | 自宅・病院・施設・他（　）|

| 女 | 被保険者番号 | | 要介護状態区分 | |

	自宅TEL	
	携帯TEL	
	FAX	
	E-mail	

| 住所 | | 連絡先 | |

⑦ 家族状況（ジェノグラム）

| 世帯 | 独居・高齢者のみ・他（　人暮らし）|

⑩ 特記事項

| ）階・他（　）|
| 貸家 | トイレ | 和式・洋式・ウオシュレット |

⑬ 住居に対する特記事項

生活状況

⑮ 生活歴

⑯ 趣味・好きなこと

⑭ 改修の必要性 | （ 無 ・ 有 ）

⑰ 情報収集源・情報活用状況

⑮　利用者のこれまでの生活のうちケアマネジメントの展開に必要な内容を記入（仕事、家族とどのように暮らしてきたのか等）

⑯　利用者がこれまでの生活でどんなことが好きだったのか、どんな趣味を楽しんでいたのか記入

⑰　利用者自身が日常生活を送る上で必要な情報をどのような手段で得ているか、また得た情報を日常生活にどのように活用して暮らしているかを記入

❶ 有の場合は該当する疾患名を記入

❷ 障害者手帳を持っている場合は、等級や内容等を記入。持っていない場合は「無」に○を付す。

❸ 生活保護受給の場合は担当ケースワーカー名を記入

❹ 生計維持のための収入支出の情報を記入

❺ 普段の金銭管理を誰が行っているか記入
本人・家族以外の場合には、「他」の欄に記入
例 成年後見人など

❻ 保険者から開示された要介護認定の情報を転記

❼ これまでの病歴に関する情報を記入
最近の疾患などが現在の要介護状態に影響をおよぼしている場合は直近の病歴から、長年の慢性持病が要介護状態の原因と考えられる場合は発症時期の古いものから記入

❽ 疾患に対する対応状況で該当に○を付す。
　治療：処方や処置などを実施中の場合
　経観：積極的な治療をしないが、状態や変化について定期的に確認している場合
　他：これまでの病歴に関する情報（治療、経観以外）

ふりがな	
利用者氏名	

利用者の被保険者情報	介護保険	申請中	支援1	支援2	介護1	介護2	介護3
	医療保険	後期高齢	国保	社保		共済	他（
	公費医療等	無	有（			）❶	
	障害等 ❷	無	身障（　種　級）		精神（　　級）		療育
		難病（　　　　　）		障害等名（			
	生活保護 ❸	無	有（		）	担当者名	
	経済状況	国民年金	厚生年金	障害年金	遺族年金	他（	
	収入額・支出額 ❹	収入（　　　　円/年）			円/月	支出（	
	金銭管理者 ❺	本人	家族（	）		他（	

❼ 病歴	発症時期	病名	医療機関・医師名（主治
❿ 特記事項			

⓫ 利用しているサービス	サービス種別	頻度	事業者・ボランティア団体等	担当
		/月・週		
		/月・週		
		/月・週		
		/月・週		
		/月・週		
		/月・週		
		/月・週		

❾ 受診の頻度・受診の方法を記入
例 訪問診療、通院など

❿ 病歴に関して介護支援専門員が必要と判断した事項を記入

例 インスリン自己注射の実施が困難

⓫ リ・アセスメント実施時点で利用している介護サービス等及び他制度の活用状況や受けているインフォーマルサポート

基本情報シート

	作成日	
	作成者	

護4	介護5		認定日	令和　年　月　日	有効期限	令和　年　月　日 ～ 令和　年　月　日

)			支給限度額等		単位／月								

❻ 審査会の意見

度)	認定情報	障害高齢者の日常生活自立度	主治医意見書	自立	J1	J2	A1	A2	B1	B2	C1	C2
)			認定調査票	自立	J1	J2	A1	A2	B1	B2	C1	C2
)		認知症高齢者の日常生活自立度	主治医意見書	自立	I	Ⅱa	Ⅱb	Ⅲa	Ⅲb	Ⅳ	M	
円／月))			認定調査票	自立	I	Ⅱa	Ⅱb	Ⅲa	Ⅲb	Ⅳ	M	

意見作成者に○）・連絡先		❽ 経過	❾ 受診状況	治療内容
	TEL	治療・経観・他		
	TEL	治療・経観・他		
	TEL	治療・経観・他		
	TEL	治療・経観・他		
	TEL	治療・経観・他		
	TEL	治療・経観・他		
	TEL	治療・経観・他		

❸ 相談内容

連絡先

❿ 主訴

⓮ 利用者の要望

⓯ 家族の要望

（制度として行われていない非公的な支援やサービス）を記入

⓬ 直近の要望や希望などを記入

❸ 具体的な相談内容、末尾に相談者名を記入
〔例〕長男の妻など

⓮ 利用者本人が現状をどのように受け止め、今後どのようにしたいと考えているかを記入

⓯ 家族の気持ちや今後の生活（支援）について何を希望するのか、末尾に要望した人の続柄を記入
〔例〕夫・長男の妻など

17

2　リ・アセスメント支援シート

「リ・アセスメント支援シート」は厚生労働省が提示したアセスメント（課題整理）の14項目が網羅された構成になっています。

介護保険制度が目指す一人ひとりの利用者が自分らしい生活を送ることができるようになるための「自立支援」の考え方を確認しましょう。

何らかの原因により要介護状態となった利用者は、様々な生活上の支障があり困っているわけですが、それを乗り越えて「〜がしたい。」「せめて〜できるようになりたい。」と生活への意欲を持ち高めていくことが大変重要であると思われます。アセスメントで、利用者、家族、介護支援専門員が、下図のように原因・状態・問題・意欲の過程を共に行うことが、利用者が自立した日常生活の実現に向かうことを支える自立支援につながることになるでしょう。

生活上の支障は、生活上の意欲を獲得することで「その方らしい自立」につながる

出典：佐藤信人「ケアプラン作成の基本的考え方」P56　中央法規出版　2013

介護支援専門員が、どのような考えで話題や目標を導き出したのか、そのプロセスを明らかにすることが、アセスメント能力を向上していくことにつながるという「中間的な整理」（6頁）での指摘については既に述べました。利用者・家族の状態の観察・分析からはじまり「ケアプラン第2表」のニーズを明らかにしていく思考経路（実践）の構造に沿って「リ・アセスメント支援シート」は作成されています。

介護支援専門員は、利用者の状態について具体的な情報を収集します。利用者の要介護状態により、利用者や家族には日常生活上の支障（問題）が生じていると考えられます。利用者や家族が「問題は○○」だと明確に認識していることもありますが、中には問題として認識していない場合もあります。その時は介護支援専門員が利用者や家族に「○○という生活上の困りごとがあるかもしれませんね。解決できたら、○○○な生活ができるかもしれませんね。」と生活上の支障を認識するように働きかける必要があります。

　＜例＞

　＊以下①〜⑤は右頁「リ・アセスメント支援シートの構造」中の①〜⑤と関連している。

①　廃用症候群のために、外出しない状態が続いている。

②　以前は、近くの碁会所に行って碁を打つことを楽しみにしていたが、諦めてしまっている。

リ・アセスメント支援シートの構造

介護支援専門員の行うアセスメント

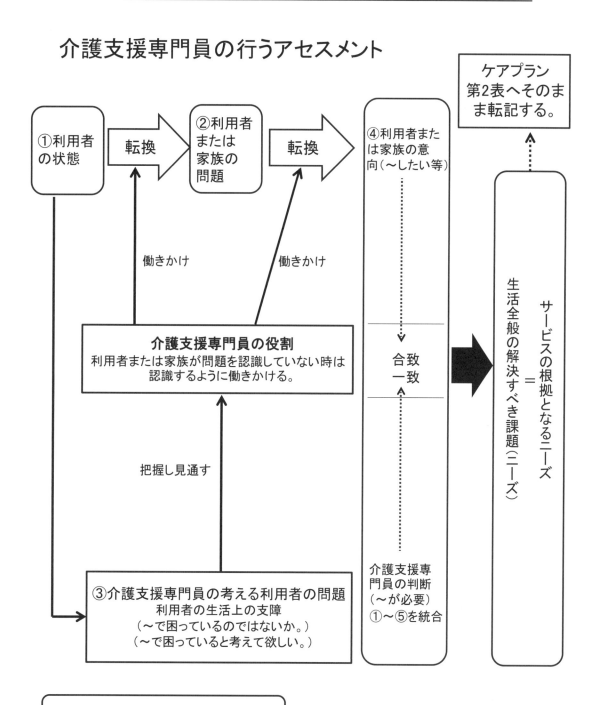

出典：東京都「保険者と介護支援専門員が共に行うケアマネジメントの質の向上ガイドライン」P21 2014 一部改変

（問題と認識していない。）

③　利用者は「碁会所に行けなくなって困る。（気持ちが萎えている）。」と思っているのではないか。（本人は困りごととして認識していない。）

④　本人の意欲を引き出すような働きかけを介護支援専門員が行うことで、「碁会所に行って仲間と碁を打ちたい。」という意向が明らかになる。

⑤　主治医の意見では「持病の膝関節痛が悪化しているために外出しない生活となり、廃用症候群が進行している。膝関節痛を緩和しながら、歩行距離を伸ばす必要がある。」という判断が示されている。

⑥　①〜⑤の状況すべてを踏まえて、介護支援専門員は利用者に対してどのような支援が必要か判断する。

⇩

介護支援専門員の判断

　「膝関節痛のため閉じこもりがちになり廃用症候群が進行しているが、膝痛の緩和や下肢筋力の強化などのリハビリを行い、碁会所に行けるようになる必要がある。」

リ・アセスメント支援シートでは…

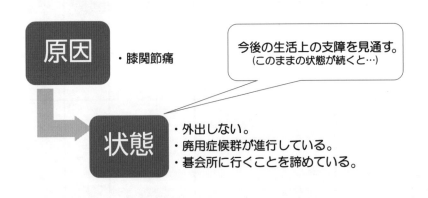

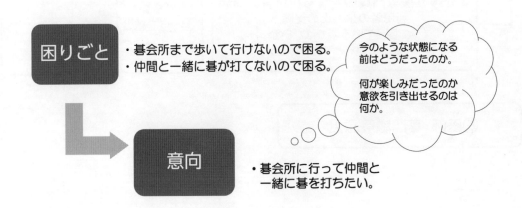

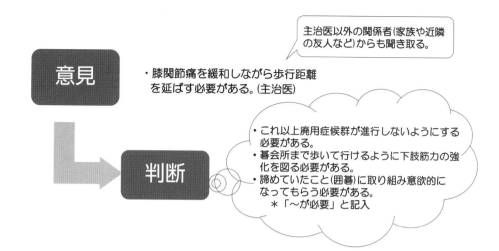

介護支援専門員は利用者や家族の意向を基に生活全般の解決すべき課題を抽出しますが、介護支援専門員の判断と利用者（家族）意向が一致しなければニーズにはなりません。この欄になぜ一致しなかったのか理由を記入しておき、今後も働きかけを継続することで、合意が得られる可能性もあります。

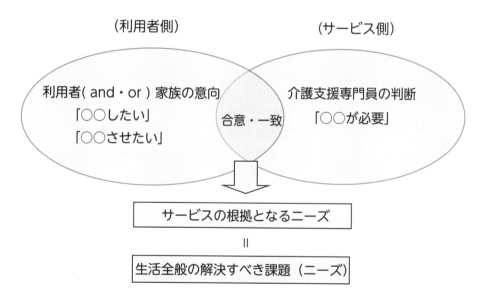

出典：佐藤信人「ケアプラン作成の基本的考え方」P86 中央法規出版 2013 一部改変

また「リ・アセスメント支援シート」は、繰り返しアセスメントすることで新たな情報を増やしたり、関係者からの意見等を得ることにより発見が促されたり、自分自身のケアマネジメントの振返りや質の向上に役立てることができます。

❶　利用者のコミュニケーション能力の状態を記入
各項目の該当する状態に〇を付す。右側の余白欄には、得られた情報の中で介護支援専門員が必要と判断する内容を記入
例えば、「意思伝達」では、「言葉足らずで誤解されることが多い」場合は「　」内を余白欄に記入

❷　コミュニケーションを最初に記入するのは、視力や聴力、意思伝達などの能力を把握することが、まず必要となるため

❸　利用者の認知機能障害や行動障害などについて、該当する状態に〇を付す。余白欄には具体的な状況を記入

❹　現在の生活上の支障となるような行動を記入
例えば「数分前に聞いたことを忘れ、妻に何回も同じことを聞く。」などは余白欄に記入

❺　介護者の状況について、該当する項目に〇を付す。
施設入所している場合でも家族や知人などとの関係性を記入
介護に関わっている家族の健康状態が介護に及ぼす影響の情報があれば、余白欄に具体的に記入
負担感は客観的な判断と、介護者自身による主観的な負担感とは異なるので、丁寧な情報収集が必要となる。
例　長女はリウマチの疾患を持ち、フルタイム就労しているため無理ができない。
例　夫は持病があるが、妻の気持ち（家で暮らしたい）をお

| 利用者名 | | | リ・アセス |

⑥ 状　態

① ② コミュニケーション

① 視力	問題無	はっきり見えない	殆ど見えない	
② 眼鏡	無	有	遠近両用	
聴力	問題無	はっきり聞こえない	殆ど聞こえない	
補聴器	無	有		
言語	問題無	問題有		
意思伝達	できる	時々できる	困難	
維持・改善の要素、利点				

③ 認知と行動

認知障害	自立	軽度	中度	重度					
意思決定	できる	特別な場合以外はできる	困難						
指示反応	通じる	時々通じる	通じない						
情緒・情動	問題無	抑うつ	不安	興奮					
行動障害 ④	無	暴言	暴行	徘徊	多動	昼夜逆転	不潔行為	介護抵抗	夜間不穏	異食行為
精神症状	無	妄想	幻覚	せん妄	見当識	無関心			
維持・改善の要素、利点									

⑤ 家族・知人等の介護力

介護提供	常時可	日中のみ可	夜間のみ可	不定期	無
介護者の健康	健康	高齢	病身	他	
介護者の負担感	無	有			
維持・改善の要素、利点					

もんぱかり本音を言わない。
例　家族が病気療養中のため、施設に会いに行くことができない。

❻　状態に関する情報を「コミュニケーション」から「特別な状況」まで記入することで、利用者や家族が置かれている状況を把握できる。

メント支援シート

	作成日	
	作成者	

問題（困りごと）	意向・意見・判断							生活全般の解決すべき課題（ニーズ）			優先順位
								整理前	関連	整理後	
利用者	利用者意向										
	意向の度合	高	中	低	失	意向の表明	阻				
家族	家族意向										
	意向の度合	高	中	低	失	意向の表明	阻				
	医師・専門職等意見										
	CM判断										
	CMの利用者・家族の意向への働きかけ	実施中	検討中	未検討	不要	対応難度	困難				
利用者	利用者意向										
	意向の度合	高	中	低	失	意向の表明	阻				
家族	家族意向										
	意向の度合	高	中	低	失	意向の表明	阻				
	医師・専門職等意見										
	CM判断										
	CMの利用者・家族の意向への働きかけ	実施中	検討中	未検討	不要	対応難度	困難				
利用者	利用者意向										
	意向の度合	高	中	低	失	意向の表明	阻				
家族	家族意向										
	意向の度合	高	中	低	失	意向の表明	阻				
	医師・専門職等意見										
	CM判断										
	CMの利用者・家族の意向への働きかけ	実施中	検討中	未検討	不要	対応難度	困難				

① 健康状態に関する情報を記入
健康状態の項目は日常生活に大きく影響するため、きちんと把握し、生活に支障がある場合は、他の職種（医師・歯科医師・薬剤師・看護師・リハビリテーション専門職・栄養士等）との連携を考える。

② 生活に影響を及ぼしている疾病・症状・痛みなど

③ 「有」に〇を付した場合は、余白欄にどの疾病に対して処方されているのかなどを記入

④ 1日の食事回数や具体的な摂取量を記入
例 食習慣として2食/日。

⑤ 「経管摂取」に〇を付した場合は余白に「栄養剤のカロリー、1日の回数・注入時間など」を記入
例 1200kcal/日・3回/日
朝8時、昼12時、夕6時、
1回の注入時間60分

⑥ 医師から水分制限や脱水予防のためなどにより指示されている量及び実際の飲水量を記入

⑦ ADL（26頁）の項目にも「入浴」があるので、ここでは健康状態に関する情報を記入
例 高血圧症のため、最高血圧が160以上の場合は中止するよう医師の指示あり

利用者名					リ・アセス

①健康状態	② 状　態					
	主疾病(症状痛み等)					
	薬 ③	無	有			
	口腔衛生	良好	不良			
	義歯の有無等	無	部分	全部		
	食事摂取	問題無	咀嚼問題有	嚥下障害有		
	食事量 ④	普通	多い	少ない		
	食事摂取形態	経口摂取	経管摂取	（　　kcal／日・　回／日・		
	食事形態（主食）⑤	常	かゆ	重湯	ペースト状	他
	食事形態（副食）	常	きざみ	とろみ	ペースト状	他
	飲水 ⑥	普通	多い	少ない	医師指示量　　ml／日	飲水量　　ml／E
	栄養状態	良	普	不良		
	身長・体重	cm		kg		
	麻痺・拘縮	無	麻痺有	拘縮有		
	じょく瘡・皮膚の問題	無	有	治療中		
	入浴 ⑦	回／週・月				
	排泄（便）	回	便秘無	便秘有		
	排泄（尿）⑧	昼：　回・夜：　回				
	睡眠時間帯 ⑨	20 22 24 2 4 6 8 10 12 14 16 18 20				
	維持・改善の要素、利点					

⑧ ADL（26頁）の項目にも「排泄」の項目があるので、ここでは健康状態に関連する情報を記入
例 便秘のため毎日処方薬を服用しているが、月に1～2回膨満感がある。

⑨ 睡眠開始時間から起床時間に矢印などを記入
睡眠に特徴がある場合は余白欄に記入
例 昼夜逆転があり日中は常に傾眠傾向で食事摂取にも支障がある。

メント支援シート

作成日	
作成者	

問題（困りごと）	意向・意見・判断							生活全般の解決すべき課題（ニーズ）			優先順位
								整理前	関連	整理後	
	利用者意向										
	意向の度合	高	中	低	失	意向の表明	阻				
	家族意向										
	意向の度合	高	中	低	失	意向の表明	阻				
	医師・専門職等意見										
	CM判断										
	CMの利用者・家族の意向への働きかけ	実施中	検討中	未検討	不要	対応難度	困難				

❶ 健康状態（24頁）との違いに留意して記入
ここでは ADL に着目する。

❷ 「食事」から「歩行」までの余白欄は、一部介助や全介助を選択した場合、誰がどのような介助を行っているのか、介助者と介助内容を具体的に記入

❸ 「他」に○を付した場合は、食事場所を具体的に記入

❹ 失禁の具体的な状況を記入

❺ 入浴の方法（器械浴、リフト浴、入浴サービス等）や介助内容（洗身や浴槽の出入り等）、介助者（妻、長男、訪問介護員など）を記入

❻ 「その他」に○を付した場合は、具体的に機器名を記入
例 スロープ、自動排泄処理装置、認知症老人徘徊感知機器など

❼ 「買物」から「服薬状況」までの余白欄は、一部介助や全介助を選択した場合、介助内容や介助者（家族、訪問介護員など）を記入
ただし、介護支援専門員が利用者の状況から推測し実際には利用者が「できる」と判断した場合には余白に「夫が行っているが、実際にはできる。」と記入
日常生活では利用者自身が有する能力を活用できる可能性もあるが、本人の能力が活かされずに家族や施設職員などがすべて介助していることもある。

リ・アセス

利用者名							

状　態

	食事	自立	見守り	一部介助	全介助			
	食事場所	食堂	ベッド脇	ベッド上	他 (❸		)	
	排泄（排便）	自立	見守り	一部介助	全介助			
	排泄（排尿）	自立	見守り	一部介助	全介助			
	排泄（日中）	トイレ	PT	尿器	パット	リハビリパンツ	オムツ	留カテ
	排泄（夜間）	トイレ	PT	尿器	パット	リハビリパンツ	オムツ	留カテ
❶	排泄（失禁❹	無	有					
❷ ADL	入浴 ❺	自立	一部介助	全介助				
	更衣・整容	自立	一部介助	全介助				
	寝返り	自立	一部介助	全介助				
	起上がり	自立	一部介助	全介助				
	座位	自立	一部介助	全介助				
	立位	自立	一部介助	全介助				
	移乗	自立	一部介助	全介助				
	歩行	自立	一部介助	全介助				
	使用機器	杖	歩行器	車椅子	ベッド	その他 ❻		
	維持・改善の要素、利点							
	買物	自立	一部介助	全介助				
	金銭管理	自立	一部介助	全介助				
	献立	自立	一部介助	全介助				
	ゴミ出し	自立	一部介助	全介助				
❼ IADL	調理と片付け	自立	一部介助	全介助				
	掃除・洗濯	自立	一部介助	全介助				
	火気管理	自立	一部介助	全介助				
	外出	自立	一部介助	全介助				
	服薬状況	自立	一部介助	全介助				
	住環境	問題無	問題有					
	維持・改善の要素、利点							

メント支援シート

	作成日	
	作成者	

問題（困りごと）	意向・意見・判断							生活全般の解決すべき課題（ニーズ）			優先順位
								整理前	関連	整理後	
利用者	利用者意向										
	意向の度合	高	中	低	失	意向の表明	阻				
家族	家族意向										
	意向の度合	高	中	低	失	意向の表明	阻				
	医師・専門職等意見										
	CM判断										
	CMの利用者・家族の意向への働きかけ	実施中	検討中	未検討	不要	対応難度	困難				
利用者	利用者意向										
	意向の度合	高	中	低	失	意向の表明	阻				
家族	家族意向										
	意向の度合	高	中	低	失	意向の表明	阻				
	医師・専門職等意見										
	CM判断										
	CMの利用者・家族の意向への働きかけ	実施中	検討中	未検討	不要	対応難度	困難				

❶　介護サービス（デイサービスなど）を通じて、地域で主体的活動をしている時は、社会参加に含まれる。また、利用者同士の交流がある場合には、対人交流に含まれるが、なるべく友人知人、一般地域住民との交流が望まれる。

❷　地域の人や友人などと何らかの活動をしている場合に「有」に○を付す。余白欄には、具体的にどんな場面で社会参加しているのかを記入

❸　他者と交流がある場合に「有」に○を付す。余白欄には、具体的に誰と対人交流しているのかを記入
デイサービスの職員や訪問介護員、介護支援専門員などは、対人交流の相手に含まない。

❹　利用者に関する特別な状況について記入
「コミュニケーション」から「社会交流」のいずれかの項目にも該当しないが、ケアマネジメントをする上で介護支援専門員として必要と判断した状況を記入
例　虐待・ターミナルケア・生活上のこだわり・大切にしていることなど

❺　「利用者意向」または「家族意向」と「CM判断」が一致しなかった内容の項目について、その理由を記入

❻　介護支援専門員は利用者や家族の意向を基に生活全般の解決すべき課題を抽出するが、CM判断と利用者（家族）意向が一致しなければニーズにはならない。この欄になぜ一致しなかったのか理由を記入しておく。今後も働きかけを継続することで、合意が得られる可能性もある。

❼　「リ・アセスメント支援シート」を記入したことにより、ケアマネジメントに関して気が付いたことを記入

利用者名		リ・アセス

状　態

❶ 社会交流	社会参加 ❷	無	有	
	対人交流 ❸	無	有	
	維持・改善の要素、利点			
❹ 特別な状況				
	維持・改善の要素、利点			

❺ ❻ 意向と判断が一致しなかったため、ニーズにならなかった

28

メント支援シート

作成日	
作成者	

問題（困りごと）	意向・意見・判断		生活全般の解決すべき課題(ニーズ)			優先順位
			整理前	関連	整理後	
利用者 家族	利用者意向					
	意向の度合	高 中 低 失 意向の表明 阻				
	家族意向					
	意向の度合	高 中 低 失 意向の表明 阻				
	医師・専門職等意見					
	CM判断					
	CMの利用者・家族の意向への働きかけ	実施中 検討中 未検討 不要 対応難度 困難				
利用者 家族	利用者意向					
	意向の度合	高 中 低 失 意向の表明 阻				
	家族意向					
	意向の度合	高 中 低 失 意向の表明 阻				
	医師・専門職等意見					
	CM判断					
	CMの利用者・家族の意向への働きかけ	実施中 検討中 未検討 不要 対応難度 困難				

理由	❼ ❽「リ・アセスメント支援シート」を作成して気が付いたこと

❽　「リ・アセスメント支援シート」は、繰り返しアセスメントすることで新たな情報を増やし、関係者からの意見等を得ることにより発見が促される。自分自身のケアマネジメントの振返りや、質の向上に役立てることもできる。

リ・アセスメント支援シートは4枚に分かれているが、各シートに共通している項目に

❶　「リ・アセスメント支援シート」ではすべての項目（「コミュニケーション」から「特別な状況」）に「維持・改善の要素、利点」という欄を設けている。
介護支援専門員がアセスメントをする時、できないところ・支援が必要なところに目を向けがちだが、利用者や家族はこれまでの長い生活の中で培った力（他者との関係など）や、持ち合わせている強さ（今までの生活の中で乗り越えてきたことなど）を要介護状態となった現状に活かすことが必要
利用者の生活を活性化させるような現在の状態に対する利用者や家族の良いところ、優れているところ、魅力的なところなどを具体的に記入

❷　「コミュニケーション」から「特別な状況」までの各項目の「維持・改善の要素、利点」を記入

❸　「維持・改善の要素、利点」の視点の具体例は、34頁参照

❹　各項目の「状態」に対して利用者や家族がどのようなことに困っているのか、生活上の支障を「問題（困りごと）」に記入

利用者名				リ・アセス
状　　態				
社会交流	社会参加	無	有	
	対人交流	無	有	
	❶ 維持・改善の要素、利点 ❷ ❸			
特別な状況				
	維持・改善の要素、利点			

❺　「状態」に対し、利用者や家族が表明した困っていることを記入
文末を「～で困る」と表現し、困りごとがない場合は「なし」と記入すると明確
介護支援専門員が確認していない場合は空欄
利用者や家族との関係性が構築されていない時期や、利用者の精神状態（配偶者の死亡直後など）によっては後日確認する場合もある。

❻　認知症などで利用者が困りごとを表明できない場合は、利用者の立場に立った家族の発言を記入し、その場合は文末に代弁者をカッコ書きで明記
例　（長女代弁）

❼　家族、利用者との関係性で生じている困りごとを誰の発言なのかカッコ書きで記入
例　（長男）

❽　問題（困りごと）に対応する肯定的な主旨の発言を記入。
意向が無いと言った場合には「なし」と記入
介護支援専門員が確認していない場合は空欄

❾　意向が高い場合は語尾を「～したい」、意向が低い場合は「～する」と表現

メント支援シート

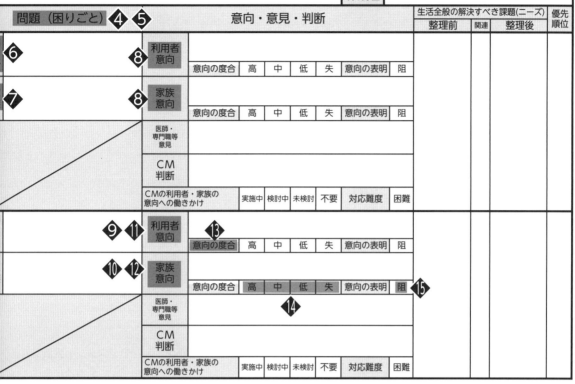

作成日	
作成者	

---

⑩　家族の意向、「～になって欲しい。」と発言をそのまま記入

⑪　認知症などで利用者が意向表明できない場合は、利用者の立場に立った家族の発言を記入、その場合は文末に代弁者をカッコ書きで明記
例　（長女代弁）

⑫　意向は誰の発言なのかカッコ書きで明記
例　（長男）

⑬　利用者意向、家族意向、それぞれについて、該当する意向の度合に〇を付す。

⑭　「高」とは利用者（家族）の意向が高い場合
「中」とは利用者（家族）の意向が、それほど高くもなく低くもない場合
「低」とは利用者（家族）の意向が低い場合
「失」とは「利用者（家族）意向」欄に「なし」と記入した場合で、利用者（家族）が病気や喪失体験などにより、本来は「意向」があるはずだが、表明できない場合
例　利用者が夫を亡くした直後で失意状態にある。親友を失いうつ病を発症している。

⑮　「阻」
利用者（家族）意向欄に記入した利用者（家族）の意向が家族関係や経済状況等の諸事情により、利用者（家族）の真の意向を表明することが阻まれ、表明されていることと相違している場合に〇を付す。
例　利用者は住み慣れた自宅での生活を望んでいるが、長男夫婦の強い意向に従い、同居を受け入れた。
利用者は趣味の観劇を続けたいが、長女家族の経済状態を考慮し諦めてしまい、真の意向は発言しない。

❶ 多職種が連携するための重要な事項
生活全般の解決すべき課題（ニーズ）の決定に影響があると思われる「状態」「問題」「意向」を踏まえた医師や専門職の意見を「○○が必要」と記入
意見を述べた者の所属及び職名をカッコ書き。なお、その状態について医師等に相談し、治療方針や禁忌事項などの確認も必要

❷ 「ＣＭ判断」は「状態」「利用者の問題・意向」「家族の問題・意向」「医師・専門職等意見」を総合的に検討し、利用者が①楽しみのある幸せな生活を送れるように、②利用者が意欲を持って生き生きと生活することを目指せるように、介護支援専門員が必要だと判断したことを「○○が必要」と記入

❸ 介護支援専門員は、利用者や家族が「問題（困りごと）」を乗り越えて生活していこう（転換）と思えるよう、「利用者意向」や「家族意向」に働きかけをしているかどうかを記入
「利用者意向」や「家族意向」がある場合でも、利用者や家族の「意向の度合」が低い場合は、高めるように介護支援専門員が働きかけをしているかどうかを記入
その際、「維持・改善の要素、利点」の欄を活用

❹ 「実施中」とは、意向への働きかけをしている場合
「検討中」とは意向へ働きかけるかどうかを検討している場合
「未検討」とは意向へ働きかけるかどうかを検討していない場合（リ・アセスメント支援シートを記入して、検討が必要と気づいた場合）
「不要」とは意向へ働きかける必要がない場合
例 既に意向が高く働きかけの必要がない、「問題（困りごと）」がない場合等

❺ 意向への働きかけが困難な場合には、○を付す。
例 利用者は訪問介護員による介護を希望しているが、夫は介護を完璧に行っているという自負があり、サービスの導入を頑なに拒否している。この場合、夫の過負担を防ぐために働きかけようとしている時は「検討中」にも○が付す。

❻ リ・アセスメント支援シートは、8つのアセスメント項目ごとに、利用者・家族の問題や意向、専門職の意見から介護支援専門員が必要を判断し、8つの項目ごとにニーズを抽出する。抽出したニーズは「生活全般の解決すべき課題（ニーズ）」中の「整理前」に記入する。その後「コミュニケーション」から「特別な状況」までの整理前ニーズのすべてに記入順の連番を付す。この番号は、「関連」「整理後」の各欄にニーズを記入する際にも活用するので、必ず行うこと

❼ 「利用者意向」「家族意向」「医師・専門職等意見」「ＣＭ判断」が一致したものがニーズとなるのが最も理想的だが、そうならない時は、可能な限り利用者中心で当面、受け入れられるニーズを検討する。

利用者名				リ・アセス
状　　態				
社会交流	社会参加	無	有	
	対人交流	無	有	
	維持・改善の要素、利点			

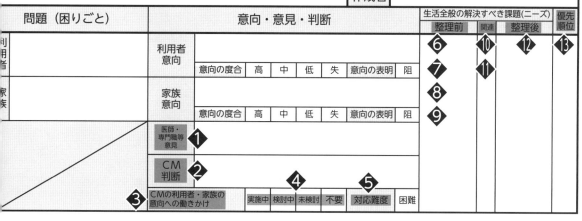

メント支援シート

| 作成日 | |
| 作成者 | |

問題（困りごと）	意向・意見・判断								生活全般の解決すべき課題(ニーズ)			優先順位
									整理前	関連	整理後	

❽ ニーズはケアプラン第2表に記入する。介護支援専門員が利用者や家族に「○○さんは歩けるようになりたいのですね。」「歩けるようになったら、買い物や友達とカラオケに行くことができますね。」とシンプルに分かりやすく説明することで、「私のケアプランだ。」と感じてもらえるようになる。一人ひとりの利用者が異なる希望を持って生活している。個別性を考慮することで、意欲が向上する。

❾ 整理前ニーズ確定のポイントは、35頁参照

❿ 「コミュニケーション」から「特別な状況」までの各項目の整理前ニーズで共通（関連：根っこが同じ）するものがあるかを検討。共通する整理前ニーズを「統合す（まとめ）」る。

⓫ 関連する整理前ニーズがない場合は、当該整理前ニーズ番号のみを記入
関連する整理前ニーズがある場合は、関連する整理前ニーズ番号を全て記入

⓬ 関連するニーズを比較し、最も利用者の生活を活性化させるニーズを記入。この時「意向の度合」欄を参考に選択。選択されなかったニーズの「整理後ニーズ」欄には「（統合先のニーズ番号）へ統合」と記入

⓭ 利用者が楽しみのある幸せな生活を送るために、最も利用者の意欲を活性化させると考えられる順に整理後ニーズに優先順位をつける。ただし、生命が脅かされるような緊急性の高いニーズがある場合は、それが上位にくる。

「維持・改善の要素、利点」の具体例

状態項目	具体的な例
コミュニケーション	・自分の言いたいことをはっきりと伝えることができる。 ・言語障害があるがジェスチャーを交え、コミュニケーションを取ろうとする。 ・「ありがとう」と感謝の気持ちを伝えることができる。 ・体調不良に関して、医師に伝えることができる。
認知と行動	・周りの人を拒否しないで、受け入れることができる。 ・人に好かれ、周りの人から「放っておけない。」「助けたい。」と思われる。
家族・知人等の介護力	・本人の気持ちを大事にして、世話をする家族がいる。 ・1回／月程度訪問して、話し相手をする昔の職場の同僚がいる。 ・就労と介護を両立させようと頑張る長女がいる。
健康状態	・糖尿病が悪化しないように食事療法や運動療法に取り組んでいる。 ・以前、脱水で入院したことがあるので、それ以降は食事以外に1日に1000ccの水分を摂るようにしている。
ADL	・トイレだけは自分で行けるようになりたい、という意欲がある。 ・転倒防止のため室内移動はゆっくりと行っている。 ・右片麻痺であるが、更衣を20分位かけながら自分で行う。 ・膝関節の痛みに配慮して、外出を調整することができる。
IADL	・自分で買い物や料理をしたいという意欲がある。 ・自宅近くのコンビニまでの往復は単独でできる。 ・調理にこだわりがあるので、味付けだけは自分で行う。 ・処方薬を忘れずに服薬することができる。
社会交流	・近所に昔からの付き合いの友人が多く、時々訪問してくれる。 ・3回／年、俳句仲間が同好会の句集を持参してくれる。 ・町会の役員をしていたので、近所のことに興味を持っている。
特別な状況	・昔から絵を描いていたので、誰かに見せたいと思っている。 ・カラオケが得意で、人前で歌うことが大好きである。 ・本人も、家族も最期を自宅で迎える覚悟がある。（ターミナルケア）

整理前ニーズ確定のポイント

Ⅰ アセスメント情報

> 脳梗塞後遺症のため、左片麻痺となった。左足と左手に力が入らず、転びそうになり
> 一人でトイレに行けないので、妻に身体を支えてもらっている。

原因	・脳梗塞後遺症による左片麻痺
状態	・左片麻痺のため転びそうになり一人でトイレに行けない。 ・妻に身体を支えてもらっているが妻は腰痛がある。
困りごと	・妻の腰痛がこれ以上悪くなったら困る。
意向	・妻とこの家で暮らし続けたいので、一人でトイレに行けるようになりたい。

Ⅱ 「利用者意向」「家族意向」「医師・専門職等意見」「CM判断」が一致した内容とする。

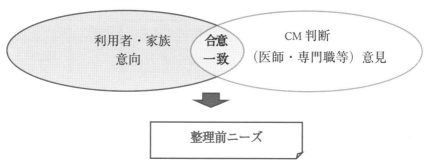

利用者・家族意向 　合意一致　 CM判断（医師・専門職等）意見

→ 整理前ニーズ

【出典】:佐藤信人「ケアプラン作成の基本的考え方」P86 中央法規出版 2013 一部改変

Ⅲ 利用者の意向があれば、「利用者意向」の核心部分を「整理前ニーズ」として記入する。

利用者意向　妻とこの家で暮らし続けたいので、<u>一人でトイレに行けるようになりたい。</u>

核心部分を「整理前ニーズ」とする。

3　ケアプランの作成とは

　「生活全般の解決すべき課題（ニーズ）」を抽出し、優先順位をつけたら、次はケアプランの作成です。

　ここでは、「ケアプラン第2表」を中心に抽出したニーズからサービス内容に至るプロセスを解説します。

　下図は同じニーズであっても、思考経路の違いにより「自立した日常生活」が見えなくなる例です。

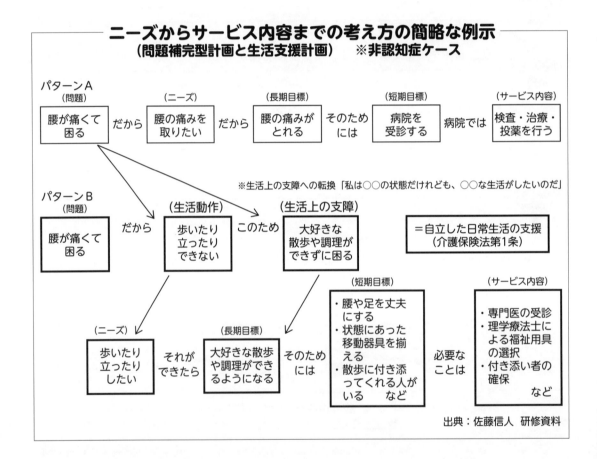

ニーズからサービス内容までの考え方の簡略な例示
（問題補完型計画と生活支援計画）　※非認知症ケース

パターンA
（問題）　腰が痛くて困る　だから　（ニーズ）腰の痛みを取りたい　だから　（長期目標）腰の痛みがとれる　そのためには　（短期目標）病院を受診する　病院では　（サービス内容）検査・治療・投薬を行う

※生活上の支障への転換「私は○○の状態だけれども、○○な生活がしたいのだ」

パターンB
（問題）　腰が痛くて困る　だから　（生活動作）歩いたり立ったりできない　このため　（生活上の支障）大好きな散歩や調理ができずに困る

＝自立した日常生活の支援（介護保険法第1条）

（ニーズ）歩いたり立ったりしたい　それができたら　（長期目標）大好きな散歩や調理ができるようになる　そのためには　（短期目標）・腰や足を丈夫にする ・状態にあった移動器具を揃える ・散歩に付き添ってくれる人がいる　など　必要なことは　（サービス内容）・専門医の受診 ・理学療法士による福祉用具の選択 ・付き添い者の確保　など

出典：佐藤信人　研修資料

　パターンAでは、問題として「腰が痛くて困る。」となっており、この困りごとに対するニーズを「痛みを取りたい。」としています。これでは痛みに対する対症療法となってしまいます。ニーズとは「生活全般の解決すべき課題」です。腰が痛いためにどのような生活上の支障があるのでしょうか。

　パターンBの場合、痛みがあるために生じる生活動作としての「歩いたり、立ったりできない。」を生活上の支障に転換すると、「大好きな散歩や調理ができずに困る。」ということになります。ニーズとして「歩いたり、立ったりしたい。」を抽出することで、ケアプランの長期目標や短期目標、サービス内容の関連性がより具体的になります。

「基本情報シート」や「リ・アセスメント支援シート」を使って「生活全般の解決すべき課題（ニーズ）」の分析により抽出されたニーズと「ケアプラン第2表」との関係性は38頁・39頁に掲載した「ケアプラン確認シート」のようになります。

　なお、アセスメントも利用者・家族の困りごとや意向を確認しながら行ってきましたが、「ケアプラン第2表」もまた利用者・家族と共に検討します。

リ・アセスメント支援シートとケアプラン第2表との関係性は下図のようになります。

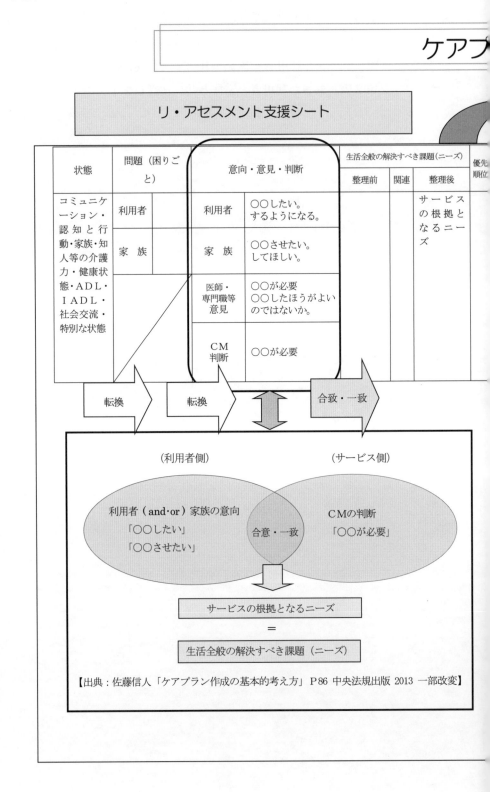

ケアプ

リ・アセスメント支援シート

状態	問題（困りごと）		意向・意見・判断		生活全般の解決すべき課題(ニーズ)			優先順位
					整理前	関連	整理後	
コミュニケーション・認知と行動・家族・知人等の介護力・健康状態・ADL・IADL・社会交流・特別な状態	利用者		利用者	○○したい。するようになる。			サービスの根拠となるニーズ	
	家族		家族	○○させたい。してほしい。				
			医師・専門職等意見	○○が必要○○したほうがよいのではないか。				
			CM判断	○○が必要				

転換　転換　合致・一致

（利用者側）　（サービス側）

利用者（and・or）家族の意向
「○○したい」
「○○させたい」

合意・一致

CMの判断
「○○が必要」

サービスの根拠となるニーズ

＝

生活全般の解決すべき課題（ニーズ）

【出典：佐藤信人「ケアプラン作成の基本的考え方」P86 中央法規出版 2013 一部改変】

第2章

...ラン確認シート

そのまま記載する。

利用者・家族と共に検討するケアプラン第2表

	生活全般の解決すべき課題(ニーズ)	目標 長期目標	(期間)	短期目標	(期間)	援助内容 サービス内容	※1	サービス種別	※2	頻度	期間
利用者の回答	① ＜意向が高い時＞ 例：○○したい。 ＜意向が低い時＞ 例：○○する。	③ （ニーズが実現したら）私は、○○して暮らすんだ。それが私の望みだ。		⑤ そのために、私は、○○するようにやってみる。		⑦ こうすればうまくいくのではないか。 ○○が必要ではないか。		⑨ 自分でやる。 家族がしてくれる。 友人がしてくれる。 外の力を利用する。その場合は、サービスはこれを活用するのが一番良いのではないか。 <施設の場合> 施設専門職がしてくれる（各機能）			
家族等による代弁	認知症のケース等で利用者の発した言葉などをそのまま書くことができない場合 ＜意向が高い時＞ 例：○○したいのではないか。（長女代弁） ＜意向が低い時＞ 例：○○するのではないか。（長女代弁）	（ニーズが実現したら）本人は、○○などして暮らすことができるのではないか。本人はそれを望んでいるのではないか。		そのために、本人は○○するようにやってみてはどうか。							
ケアプラン記入の留意点	※意向の高さに応じて表現が変わる。 ※家族等が代弁する場合、誰の意見かを末尾に括弧書きで明記。	※この欄が最もその人らしさを表す。		※ニーズに基づく長期目標を達成するための段取り。 ※必要に応じて、段階的に目標を設定する。		※短期目標を達成するための段取り。		※介護保険のサービスにとらわれない。			

Why? なぜ? → What? 何を? → How? どうする? → Who? 誰が?

CMによる働きかけ

②
・それは何故ですか？
・ニーズが実現したら、あなた（本人）にはどんな生活が拡がっているのですか？
・あなた（本人）はどんな生活がしたくて、そう思うのですか？

④
・ニーズに基づく長期目標を達成するために、あなた（本人）はどうするのですか？

⑥
・短期目標を達成するために、あなた（本人）に）は具体的には、何が必要だと思いますか？

⑧
・誰がするのですか？

N．SATOモデル一部改変

注意）利用者を誘導しよう、管理しようと考えることは厳禁。利用者・家族と共に検討する。
認知症の人のときも、ニーズ、長期目標、短期目標は利用者本人の視点・立場で検討し記載する。

出典：東京都「保険者と介護支援専門員が共に行うケアマネジメントの質の向上ガイドライン」P39 2014

前頁のケアプラン確認シートの右側を下記に掲載して説明します。

リ・アセスメント支援シートとケアプラン第2表との関係を確認するものです。上段はケアプラン第2表の書式です。

	生活全般の解決すべき課題（ニーズ）	目　標				援　助　内　容					
		長期目標	(期間)	短期目標	(期間)	サービス内容	※1	サービス種別	※2	頻度	期間
利用者の回答	① <意向が高い時> 例：○○したい。 <意向が低い時> 例：○○する。	③ （ニーズが実現したら）私は、○○して暮らすんだ。それが私の望みだ。		⑤ そのために、私は、○○するようにやってみる。		⑦ こうすればうまくいくのではないか。 ○○が必要ではないか。		⑨ 自分でやる。 家族がしてくれる。 友人がしてくれる。 外の力を利用する。その場合は、サービスはこれを活用するのが一番良いのではないか。 <施設の場合> 施設専門職がしてくれる（各機能）			
家族等による代弁	認知症のケース等で利用者の発した言葉などをそのまま書くことができない場合										
	<意向が高い時> 例：○○したいのではないか。（長女代弁） <意向が低い時> 例：○○するのではないか。（長女代弁）	（ニーズが実現したら）本人は、○○などとして暮らすことができるのではないか。本人はそれを望んでいるのではないか。		そのために、本人は○○するようにやってみてはどうか。							
ケアプラン記入の留意点	※意向の高さに応じて表現が変わる。 ※家族等が代弁する場合、誰の意見かを末尾に括弧書きで明記。	※この欄が最もその人らしさを表す。		※ニーズに基づく長期目標を達成するための段取り。 ※必要に応じて、段階的に目標を設定する。		※短期目標を達成するための段取り。		※介護保険のサービスにとらわれない。			

	Why? なぜ?	What? 何を?	How? どうする?	Who? 誰が?
CMによる働きかけ	② ・それは何故ですか？ ・ニーズが実現したら、あなた（本人）にはどんな生活が拡がっているのですか？ ・あなた（本人）はどんな生活がしたくて、そう思うのですか？	④ ・ニーズに基づく長期目標を達成するために、あなた（本人）はどうするのですか？	⑥ ・短期目標を達成するために、あなた（本人）は具体的には、何が必要だと思いますか？	⑧ ・誰がするのですか？

N．SATOモデル一部改変

注意）利用者を誘導しよう、管理しようと考えることは厳禁。利用者・家族と共に検討する。
　　　認知症の人のときも、ニーズ、長期目標、短期目標は利用者本人の視点・立場で検討し記載する。

出典：東京都「保険者と介護支援専門員が共に行うケアマネジメントの質の向上ガイドライン」P39 2014

「生活全般の解決すべき課題（ニーズ）」はリ・アセスメント支援シートにより抽出され、上記の表のとおり確認できます。具体的には確認のプロセスは次のようになります。

① ニーズ（整理後）は優先順位の高いものからケアプラン第2表に転記します。
② 介護支援専門員が利用者や家族に働きかけて長期目標を検討します。（長期目標はその人らしさを最も表すため、「基本情報シート」の利用者のこれまでの生き方や要望も参考になります。）
③ ②の働きかけにより長期目標が設定されます。
④ 長期目標を達成するための段取りとして、短期目標を利用者や家族と一緒に検討します。（この時に、利用者自身がどのようなことなら取り組めるか聞いてみます。）
⑤ ④の働きかけにより短期目標が設定されます。
⑥ 短期目標を達成するための段取りとして、サービス内容を利用者や家族と一緒に検討します。（この時に、利用者自身がどのようなことなら取り組めるか聞いてみます。）

⑦ ⑥で検討したものがサービス内容となります。（サービス内容にはサービス種別（訪問介護・訪問リハビリなど）は記入しません。）

⑧ ⑦で検討したサービス内容を実施（提供）するのに最も適したサービス種別（利用者自身が行うこと、家族が行うこと、介護保険事業者、介護保険以外の公的サービス、インフォーマルサポート等）を検討します。

⑨ ⑧で検討したサービス種別を記入します。

第2表	居宅サービス計画書（2）									

利用者名　　　　　　　　　　　殿

作成年月日　　年　　月　　日

生活全般の解決すべき課題(ニーズ)	目標				援助内容					
	長期目標	（期間）	短期目標	（期間）	サービス内容	※1	サービス種別	※2	頻度	期間
❶	❷		❸		❹					

第2表	施設サービス計画書（2）							

利用者名　　　　　　　　　　　殿

作成年月日　　年　　月　　日

生活全般の解決すべき課題(ニーズ)	目標				援助内容			
	長期目標	（期間）	短期目標	（期間）	サービス内容	担当者	頻度	期間
❶	❷		❸		❹			

❶　リ・アセスメント支援シートの優先順位のまま転記します。

❷　ニーズを達成すれば○○さんはどのような暮らしができるようになりますか？
※その人らしさを表すことができます。

❸　長期目標を達成するための段取りです。

❹　短期目標を達成するための具体的内容です。

　「ケアプラン第2表」は、利用者の望む生活の実現に向かってどのように進めていくのかを記した手順書のようなものです。当然、記入する言葉はサービスを提供する関係者にしか分からないような専門用語は使わず、利用者や家族にも理解できるような平易な表現が求められます。

アセスメント情報をケアプラン第2表に活かす

意向

妻とこの家で暮らし続けたいので、トイレに一人で行けるようになりたい

長期目標へ 核心部分（整理前ニーズとして引用）

妻とこの家で暮らし続けられる　　　トイレに一人で行けるようになりたい

短期目標（長期目標を達成するための段取り）

ベッドから廊下まで、妻に見守ってもらい歩けるようになる

・ 「利用者意向」がなく、「家族意向」と「CM 判断」が一致しており、利用者に提案可能な内容である場合
　　は、家族の意向の核心部分を記入する。
　　文末に家族の誰の意向であるのかカッコ書きで明記する。例：(長女)
・ 「利用者意向」または「家族意向」と「CM 判断」が一致しない場合は、ニーズとしない。

　ニーズはケアプラン第2表に記入します。介護支援専門員が利用者や家族に「○○さんは一人でトイレに
行けるようなりたいのですね。」「それができるようになれば、奥さんと一緒にこの家に住み続けられるのです
ね。」とシンプルに分かりやすく説明することで、「私のケアプランだ。」と感じてもらえるようになります。
一人ひとりの利用者が異なる希望を持って生活しています。個別性を考慮することで意欲が向上すると考えら
れます。

「長期目標」「短期目標」「サービス内容」に記入する内容のポイント

① 「生活全般の解決すべき課題（ニーズ）」の根拠は、「基本情報シート」と「リ・アセス
　　メント支援シート」に記入されています。「基本情報シート」と「リ・アセスメント支援
　　シート」の情報がなければ、ケアプランは作成できないのです。
　　特に「維持・改善の要素、利点」の情報には、利用者の意欲を活性化するためのヒントが
　　たくさんあります。活用しましょう。
② 整理前のニーズが統合されて整理後のニーズになった場合は、関連する整理前ニーズの全
　　ての「状態」欄から「整理前ニーズ」欄（「利用者意向」「家族意向」「医師・専門職等の
　　意見」「CM 判断」）に立ち戻り参考にします。

　「基本情報シート」「リ・アセスメント支援シート」の様式は、東京都福祉保健局のホーム
ページに掲載されています。
　詳しくは、　東京都福祉保健局＞高齢者＞介護保険＞東京都介護サービス情報＞介護支援専
門員(ケアマネジャー)関連情報＞保険者と介護支援専門員が共に行うケアマネジメントの質の
向上ガイドライン中の「様式データ」に掲載されています。

　本章では「自立支援を目指したケアプラン作成」について説明しました。根拠あるケアプラ
ンを作成するためにはアセスメントが重要となります。「リ・アセスメント支援シート」は介
護支援専門員が行う分析のプロセスを可視化し利用者・家族・ケアチームと情報を共有してマ
ネジメントを進めることができるようになっています。
　次章からの事例では居宅ケアプラン・施設ケアプラン・予防ケアプランを掲載しました。専
門職である介護支援専門員が利用者や家族の思いや願いを受け止め、何に着目し大事にすべき
なのかチームメンバーと共有の上、判断しマネジメントを実施しています。個々のプロセスを
再確認して読者の皆様のケアマネジメントに活かして下さい。

リ・アセスメント支援シートの活用事例

事例 **1**　居宅　ケース概要

旅　行男　　58歳　　男性
要介護5
脳幹出血後遺症

　旅さんはもともと東京在住でした。平成26年6月に職場で倒れているところを発見、救急搬送され、「脳幹出血」と診断されました。搬送先の病院で手術を受け一命をとりとめたものの、四肢の麻痺と強い付随運動、構音障害、眼振などの後遺症が残りました。急性期病院での治療を一定程度終えた後に、他県（新幹線で片道4時間半）に住む姉の家の近くにあるリハビリ病院へ転院して、リハビリテーションを実施しました。

　旅さんには東京にYさんという交際中の女性がおり、病気で倒れる前は旅さんとYさんはお互いの家を行き来して、美味しい食事やお酒、旅行を楽しんでいました。リハビリテーション病院にYさんがお見舞いに来た際に、「Yさんがいる東京の自宅での一人暮らしを再開させたい。」とYさんに語りました。姉や医療関係者は「一人暮らしは難しいだろう。」という見解でしたが、旅さんの強い希望と、Yさんの旅さんを支えたい気持ちと介護する覚悟を知った姉や医療関係者は、旅さんの東京での暮らしを再開できるように、応援体制を整えて在宅復帰を果たしました。

　旅さんとYさんの二人三脚で生活を組み立て、おおむね半年に1回の頻度で姉も上京し支えていましたが、平成30年12月にYさんが病に倒れ他界

　「Yさんが亡くなった年齢である70歳までは、Yさんと過ごした自分の家で暮らし続けたい。」と語る旅さんの気持ちを支えるために、「二人三脚のプラン」から「一人暮らしのプラン」へ見直しを開始しました。

次頁以降に掲載している各シートの解説・Q&A の文中において、
基本情報シート1枚目・2枚目は、基本情報1、基本情報2と表す。
リ・アセスメント支援シート1〜4枚目は、リ・アセス1、リ・アセス2、リ・アセス3、リ・アセス4と表す。
ケアプラン第1表〜第3表は、1表、2表、3表と表す。ただし、第2表は3枚に渡るため、①〜③を付している。

❶　平成30年12月29日に姉から電話連絡を受け、Yさんが亡くなったことを知らされた。年末年始は姉が滞在することを確認できたので、仕事始めの1月5日に訪問することを約束してアセスメントを実施

❷　手すりなどが追加で必要な際は、自己負担できる範囲で旅さんと相談して決める。
このことを旅さんに伝え、支援経過に明記

Q1 旅さんとYさんの間が点線だが、どの程度の関係だったのか。

A1 内縁関係のため点線で表記
Yさんは、旅さんが在宅復帰してから寝食を共にしていたが、病気になる前はお互いの家を行き来する関係だった。

Q2 甥と月に1回程度の関わりがあるが、どのようなものか。

A2 主に金銭関係はできる限り姉が行うが、姉ができない時は、支払いや書類関係の処理を甥が代わって行っている。

Q3 家の中の家具等へのこだわりとは、具体的にどんなことか。

A3 自宅購入時にYさんと一緒に何度も足を運び、こだわって選んだものもあり、Yさんとの思い出エピソードがつまっている。

ふりがな			たび　ゆきお				
利用者氏名			旅　行男		相談者氏名	飛　行子	続柱　本
					前回アセスメント状況	実施年月日	平成2○

生年月日	明・大・昭　35年5月10日	58歳	性別　男

現住所　〒111−1111
東京都◇区◆◆◆町1−1−1

家族情報・緊急連絡先	介護者	緊急の連絡先	氏名	続柄	同居・別居	
	主	1	飛　行子	姉	同・別	▲県■市（新幹線
		2	飛　行機	甥	同・別	●県◇市（電車で
					同・別	
					同・別	
					同・別	

住居　戸建（平屋・2階建以上）・アパート・マンション・公営住宅

エレベーター　無・有（　　　　　　　　　）　所有形態　持ち家

（住宅間取図）

住居の状況

玄関

拡大読書器

トイレ　　洗面所

台所　　浴槽

テーブル　リビング兼寝室

❷
●：手すり設置箇所

テレビ
ベランダ

介護ベッド

Q4 主たる介護者は、年に2回しか訪問しないのはなぜか。

A4 姉は新幹線で4時間半かかる他県に在住で、姉自身も病気がちなので半年に1回程度上京。頻度は旅さんの状況に合わせて調整することができる。

Q5 どのような曲が好きなのか。

A5 1980年代から最近の曲まで幅広く、ボーカルは男性・女性問わず気に入った歌詞や曲が入ったCDを借りたり買ったりして聴いている。

基本情報シート

作成日	平成31年1月5日 ❶
作成者	海山　景色

・家族・他（　　）	受付日	平成26年11月8日	受付対応者	海山　景色	受付方法	来所・電話・他（　　）

5月1日	理由	初回	更新	状態の変化	退院	退所	他（　　）	実施場所	自宅・病院・施設・他（　　）

女	被保険者番号	1	1	1	1	1	1	1	1	1	1	要介護状態区分	要介護5

	自宅TEL	03-1111-1111
	携帯TEL	090-1111-1111
	FAX	使用せず
	E-mail	使用せず

住所	連絡先
（4時間半）	090-0000-0000
時間弱）	080-0000-0000

家族状況（ジェノグラム）

世帯　独居・高齢者のみ・他（　　人暮らし）

Y 70 ---- 58　　60 — 65

28　25

Q1

特記事項	内縁関係の妻が平成30年12月に70歳で病気により逝去 姉の息子が隣の県に在住で月に1回程度関わりあり。 Q2

7）階・他（　　）	生活歴	趣味・好きなこと

貸家	トイレ	和式・洋式・ウオシュレット

住居に対する特記事項

バリアフリーのマンションであるが、マンションの出入り口付近のスロープは車いすの人にとっては急こう配で一人で移動することは困難
マンションの玄関を出入りする際の介助があれば、マンション内は自走車いすを使って一人で移動できる。
几帳面な性格で、家の中は家具等こだわりのあるもので、整頓されている。 Q3

改修の必要性	（無・有）

介護保険を利用し始めた時に、トイレ・脱衣所・浴室・廊下に手すりを設置して度額に達している。

生活状況

早くに（時期は不明）両親を亡くして、姉が親代わりとなり旅さんと力を合わせて生きてきた。高校まで出身地で過ごし、東京の大学に進学。大学卒業後は東京の大手企業に就職し、54歳まで働いていた。月に1回は海外で行われる会議に出席したり、多忙な日々を送っていた。
平成26年夏に仕事中に会社で脳幹出血で倒れ、後遺症が残る。
平成30年に内縁関係の妻を亡くし、現在一人暮らし
姉は半年に1回程度▲県から上京して1週間ほど滞在し、状況を把握している。 Q4

趣味・好きなこと

音楽鑑賞（歌謡曲） Q5
バレーボール等のスポーツ番組を観ること
病気をする前は海外や国内旅行に行っていた。 Q6
テレビで気になる音楽を聴くと、広告などから情報を得て、聞いてみたい音楽をリストアップし、借りたり購入したりしている。

情報収集源・情報活用状況

テレビ
新聞 Q8
Q7
新聞は拡大読書器で毎日読んでいる。

Q6 旅行は一人旅か。

A6 Yさんと行っていた。タイムスケジュールや訪ねたい観光名所を考えてしおりを作り、Yさんを喜ばせていた。Yさんは、「たくさん楽しませてもらったから恩返しがしたい。」とよく話していた。

Q7 どのような情報を得て活用しているか。

A7 世の中で起こっていること（ニュース）をTVや新聞から得ている。

Q8 新聞は隅から隅まで読んでいるか。

A8 テレビ欄は必ず確認して見たい番組を記憶している。その他は気になるニュースを大まかに把握し、来訪する人との会話を楽しむ時に活かしている。

Q1
金銭管理は、旅さんと姉でどのように分担しているのか。

A1
姉は通帳で引き落としをチェックしている。旅さんは日々必要な額を3か月に1回有償ボランティアと引き出し、現金で支払うものを自分で管理している。適宜（年に1回程度）二人で通帳の残額を確認して、支出状況を把握している。

Q2
認知症高齢者の日常生活自立度が主治医意見書と認定調査票で差異がある。どちらが旅さんの状態に近いか。

A2
記銘力はしっかりしており、日常生活上の介助は必要がない認知能力なので、介護支援専門員からみても「自立」と判断している。

Q3
病院をいくつか変えているのは、なぜか。

A3
平成26年6月は、脳幹出血発症後に手術を受けた急性期病院に入院。平成26年8月は、姉が通える距離の回復期リハビリテーション病院に転院。この病院で入院中に「Yさんの介護を受けながら、東京の自宅で暮らしたい。」という旅さんの強い要望が出た。平成26年11月は、旅さんの「東京で暮らしたい。」という要望を受けて、在宅生活の準備を行うために、東京の回復期リハビリテーション病院に転院。退院後は、同病院から訪問診療を受けている。

Q4
夕食時のエンシュアが処方されていないのはなぜか。

A4
夕食は刻みやとろみ食を介助を受けて食べている。介助

ふりがな	たび　ゆきお
利用者氏名	旅　行男

利用者の被保険者情報

介護保険	申請中	支援1	支援2	介護1	介護2	介護3	介
医療保険	後期高齢	(国保)	社保	共済	他（		
公費医療等	(無)	有（		）			
障害等	無	身障（1種1級）		精神（　　級）		療育	
	難病（　　　　　）		障害等名（両上肢・下肢機能障害)				
生活保護	(無) 有（		）	担当者名			
経済状況	国民年金	厚生年金	(障害年金)	遺族年金	他（月々の不足分は		
収入額・支出額	収入（　　　円/年）		20万円／月	支出（　2			

Q1
金銭管理者	(本人)	(家族)（　姉　）	他（

病歴

発症時期	病名	医療機関・医師名（主治医
平成26年6月	脳幹出血	○○病院（東京）
平成26年8月	脳幹出血後遺症	□□病院（姉の近く） **Q3**
平成26年11月	脳幹出血後遺症	△△病院（東京）

Q4

特記事項	ファモチジンD20mg1錠朝　エンシュア1本朝、エンシュアH1本昼（アメル）1錠朝　カンデサルタン錠（アメル）1錠夕　ハイボン細粒1クレナフィン爪外用液（手爪）　アズノール軟膏（胃ろう）

利用しているサービス

サービス種別	頻度	事業者・ボランティア団体等	担当者
訪問介護	7回／月・(週)	Aケアセンター	O
Q5 訪問看護	1回／(月)・週	Bナースステーション	P
居宅療養管理指導	1回／月・(2週)	△△病院	R
居宅療養管理指導	1回／月・(2週)	C歯科	T
居宅療養管理指導	1回／月・(2週)	D薬局	V
訪問入浴	2回／月・週	E入浴センター	W
福祉用具貸与	／(月)・週	Fレンタルサービス	X
訪問診療	1回／月・(2週)	△△病院	R
訪問歯科	1回／月・(2週)	C歯科	T
訪問薬局	1回／月・(2週)	D薬局	V
有償ボランティア	1回／月・(週)	G社協	Y
配食サービス	7回／月・(週)	I配食サービス	Q
家政婦	7回／月・(週)	Z家政婦紹介所	S

に時間を要し費用がかさむので、朝は胃ろうから摂取。昼はエンシュアで栄養を摂っている。

Q5
訪問看護が毎週ではなく月に1回なのはなぜか。

A5
①状態が安定している。

②訪問診療が月に2回入っている。③毎週では費用がかさむ。この3つの理由で、訪問診療が入らない週は訪問看護で健康状態を把握をしている。

Q6
「制限があって人に気を遣わなくてはいけない。」とは、どのようなことか。

第3章 事例1

基本情報シート

作成日	平成31年1月5日
作成者	海山　景色

（介護5	認定日	平成29年4月15日	有効期限	平成29年5月1日	〜	平成31年4月30日

認定情報	支給限度額等	３６０６５単位／月
	審査会の意見	なし

	障害高齢者の日常生活自立度	主治医意見書	自立	J1	J2	A1	A2	B1	(B2)	C1	C2
		認定調査票	自立	J1	J2	A1	A2	B1	(B2)	C1	C2
	Q2 認知症高齢者の日常生活自立度	主治医意見書	自立	(I)	Ⅱa	Ⅱb	Ⅲa	Ⅲb	Ⅳ	M	
		認定調査票	(自立)	I	Ⅱa	Ⅱb	Ⅲa	Ⅲb	Ⅳ	M	

意見作成者に○）・連絡先	経過	受診状況	治療内容
TEL 03-0000-0000	治療・経観・他		手術
TEL 0000-00-0000	治療・経観・他		術後のフォローアップ・胃ろう造設・リハビリ
TEL 03-2222-2222	(治療)・経観・他	2週間に1回　訪問診療	胃ろう交換・その他必要な処置・処方
TEL	治療・経観・他		

アムロジピン錠
0.8ｇ朝夕

	相談内容	弟の日常生活全般を支えていた内縁関係の妻が病気のため先月末に亡くなった。 私自身▲県に住んで家族との生活があるため、弟に近くに移り住むことを勧めたが 「ここで暮らし続けたい。」と弟が希望している。 今の弟の状態で一人暮らしは難しいと思うが、なんとか弟の望みを叶えたいと思っている。（姉）
連絡先 1111-1111 1111-1112 1111-1113 1111-1114 1111-1115 1111-1116 1111-1117 1111-1113 1111-1114 1111-1115 1111-1118 1111-1120 1111-1121	主訴 利用者の要望	Q6 病院や施設は制限があって、人に気を遣わなくてはいけない。自宅に帰ってきた時は気が楽でいかに素晴らしいかと思った。これまで支えてくれたYさんが亡くなって悲しいが、Yさんと過ごしたこの家で70歳（Yさんが亡くなった年齢）まで暮らし続けたい。自分が何をするわけでもないが、介護実習生の見学受入れなど、人の役に立つことは協力したい。 Q7
	家族の要望	弟の気がすむようにしてあげたい。 元気な頃は、旅行に行く際は旅行先の観光名所を調べてくれてタイムスケジュールを作ってくれたり、旅行先で撮った写真で音楽付きアルバムを作ってくれた。 弟は緻密なことを好んで取り組む人なので、少しでも楽しみを持って暮らしてもらいたい。(姉)

A6　入院中は同室の人やスタッフに気を遣わなくてはならず、生活のスケジュールも決められていた。気兼ねなく好きな音楽を聴いたり、テレビを見たりすること、来訪者との交流を楽しむことを望んでいる。

Q7　預貯金で収入と支出の差額を補填しているが、補填を毎月続けて、70歳まで今の生活を続けることは可能か。

A7　預貯金の額は聞き取りしていないが、旅さんと姉が定期的に預金残高を確認していることは把握している。Yさんが担っていた全てをサービス等で代替できるわけではないが、一人暮らしが維持できるサービス量で70歳まで今の生活を続けることは可能と二人が判断していることを確認している。

Q1 「眼振があり見えづらい。」とあるが、生活上の支障や工夫していることはあるか。

A1 拡大読書器（約30cm四方の台）に乗る大きさの新聞等の文字は読み取れるが、テレビ画面は常に揺れて見えるので、字幕は読み取れない。人の顔は、はっきりと認識して見分けるのではなく、髪型や大きさ、声などで認識している。旅さんの能力や、物理的な環境調整（眼鏡や拡大読書器の活用等）で、生活上の支障は解決できている。

Q2 「記憶に優れ」とあるが、具体的にはどのようなことか。

A2 新聞でテレビ番組欄を毎朝確認し、その日に放送される見たい番組の放送時間を記憶して観賞できている。この記憶力により、旅さんは生活の中で楽しみを見つけて暮らすことができている。

Q3 2か所に〇が付いているのはなぜか。

A3 介護者が二人いて、それぞれの状態が違う場合に二つ選択して余白欄に記入し、それぞれの健康状態が分かるように記入している。

Q4 どのようなことから、スタッフとの連絡が円滑であると判断したのか。

A4 不足している物品等、インターネットで購入できるものはスタッフが姉に電話連絡をして購入依頼をするなど、日常生活が滞りなく送れるようにしている。お互いが「お世話になり

利用者名	旅　行男	リ・アセス

状　態

					Q1
コミュニケーション	視力	問題無	はっきり見えない（〇）	殆ど見えない	脳幹出血の後遺症により眼振があり見えづらい。二重に見えることもある。
	眼鏡	無	有（〇） 老眼鏡		
	聴力	問題無（〇）	はっきり聞こえない	殆ど聞こえない	
	補聴器	無（〇）	有		
	言語	問題無	問題有（〇）		球麻痺のため構音障害があり聞き取りづらい。
	意思伝達	できる（〇）	時々できる	困難	
	維持・改善の要素、利点				構音障害があるが、それに慣れている人には理解ができる。言葉を選んで丁寧に話すことができ、人間関係を円滑に築けている。したいこと、してもらいたいことを伝えられる。拡大読書器を使用して、新聞の番組欄を確認している。人が来た時は話すようにして、構音障害が進行しないようにしている。
認知と行動	認知障害	自立（〇）	軽度　中度	重度	
	意思決定	できる（〇）	特別な場合以外はできる	困難	
	指示反応	通じる（〇）	時々通じる	通じない	
	情緒・情動	問題無（〇）	抑うつ　不安	興奮	
	行動障害	無（〇）	暴言　暴行　徘徊　多動　昼夜逆転　不潔行為　介護抵抗　夜間不穏　異食行為		
	精神症状	無（〇）	妄想　幻覚　せん妄	見当識　無関心	
	維持・改善の要素、利点			Q2	メモをすることはできないが記憶に優れ、自分で日程管理をすることができる（知人が来る日などを覚えている）。
家族・知人等の介護力	介護提供	常時可	日中のみ可　夜間のみ可	不定期（〇）　無	姉が半年に1回程度上京して、1週間ほど滞在する。
	介護者の健康 Q3		健康（〇）　高齢　病身（〇）　他		姉：鬱の傾向があり、物事を判断することができない時がある。甥：健康
	介護者の負担感	無（〇）	有		上京した時はたまった書類の整理や介護も行うが、友人と食にでかけるなどの楽しみもある。
	維持・改善の要素、利点				家族対応が必要な場合に姉が上京できない時は、隣県在住の甥が対応できる。姉は鬱傾向であるが、穏やかで介護スタッフ等と連絡を取り合って、遠方からできることは行っている（契約など事務的な書類関係は、姉に郵送すると対応してもらえる）。 Q4

ます。ありがとう。」と言える良好な関係が保たれているため。

Q5 旅さんにとっての「普通」をどう理解しているか。

A5 初対面の人でも旅さんが話す内容を聞き取ってくれること。「普通」という言葉に「一人

の人間として認めて接してもらいたい」という気持ちが込められていると理解している。

Q6 どのように改善したのか。

A6 発症当時は、気管切開をしてカニューレを装着し、食事

メント支援シート

作成日	平成31年1月5日
作成者	海山　景色

問題（困りごと）		意向・意見・判断 Q5							生活全般の解決すべき課題（ニーズ）			優先順位
									整理前	関連	整理後	
人によっては聞き取りづらいらしく、特に電話だと、「誰か他にいませんか？」と言われることがあり、僕ではダメなのかと落ち込むことがあって困る。	利用者意向	自分を普通に認めてもらえるよう、スムーズに会話したい。							①スムーズに会話したい。	①③ Q8	スムーズに会話したい。	5
		意向の度合	高	中	低	失	意向の表明	阻				
なし	家族意向	なし										
		意向の度合	高	中	低	失	意向の表明	阻				
Q6	医師・専門職等意見	せっかくここまで改善したので、口腔周囲筋を鍛えて現状を維持する必要がある。（医師、看護師、訪問介護員等の関係者）										
	CM判断	初めて話す人だと聞き取りづらいため、自尊心を傷つけないよう、来訪者ができるだけ旅さんと会話する機会を増やし、発語力を高め、会話が成立しやすくする必要がある。										
		CMの利用者・家族の意向への働きかけ	実施中	検討中	未検討	不要	対応難度	困難				
なし	利用者意向	なし										
		意向の度合	高	中	低	失	意向の表明	阻				
なし	家族意向	なし										
		意向の度合	高	中	低	失	意向の表明	阻				
	医師・専門職等意見	なし										
Q7	CM判断	友人・知人・姉・親族やサービス事業者などの来訪者が多いが、逐一、来訪日時をメモすることなく、記憶し、自分で日程管理することができている。この優れた認知機能を維持する必要がある。（今後のアプローチは支援経過に明記）										
		CMの利用者・家族の意向への働きかけ	実施中	検討中	未検討	不要	対応難度	困難				
なし	利用者意向	なし										
		意向の度合	高	中	低	失	意向の表明	阻				
なし	家族意向	なし										
		意向の度合	高	中	低	失	意向の表明	阻				
	医師・専門職等意見	なし										
	CM判断	なし										
		CMの利用者・家族の意向への働きかけ	実施中	検討中	未検討	不要	対応難度	困難				

は胃ろうからのみとなっていたが、今では、経口摂取ができるまで「改善」した。

Q7 本人、家族とも問題、意向が「なし」で、専門職の意見もないが、介護支援専門員はなぜ必要と判断したのか。

A7　「維持・改善の要素、利点」から旅さんの優れた記憶力が大きく生活を支えていると考えた。旅さんたちは意識していないため当面、ケアプランには書かないが、発見した旅さんの力を支援経過に書き、担当者会議で共有し、旅さんの能力を維持したいと判断した。

Q8 ①と③を関連ありとしたのはなぜか。

A8　①「スムーズな会話」と、③「汗で人に不快な思いをさせない」は、「人と話す時の礼儀」として旅さんの思いがつながっていると考え、関連ありとした。

Q1 昼食と夕食の摂取状態から経口摂取ができるようだが、「嚥下障害有」なのはなぜか。

A1 気管カニューレを装着していた頃はむせ込むことが多く、口から噴き出すほどだったが、現在、水分はとろみを付けて、固形物は軟らかめで一口の大きさであれば、むせ込むことはほとんどない。とろみ付けや刻み等の介助が必要であるため、「嚥下障害有」とした。

Q2 2か所に〇がついているのはなぜか。

A2 朝食は胃ろうを使って経管摂取し、昼食はエンシュアを経口摂取、夕食は刻み食を経口摂取しているため（Q1参照）。

Q3 口が左側に寄っているとはどのような状態か。また、その状態は生活に支障があるか。

A3 麻痺側である左側に口唇が寄っているが、口唇を閉じることはでき、口に入れた食べ物が出てしまうことはない。ただし、唾液がよだれとして出やすく、口を拭くタオルが手放せない。

Q4 どんな現実を認識して、折り合いをつけているか。

A4 旅さんは、「胃ろうをつけている状態は、人間の体に異物をつけていること」と話しており、胃ろうを外したいと考えている。しかし、医師等は「胃ろうを外すことはできない」との意見
自分の願いは表明するが、押し通そうとせず、他者の意見を聞くことができるため、現実を理解して折り合いをつけられることを利点として捉えた。

利用者名	旅　行男	リ・アセス

	状　態			
主疾病(症状痛み等)	脳幹出血後遺症　四肢の不随意運動 眼振 左側（顔面・上肢・下肢）の痺れ			
薬	無	(有)	服薬カレンダーで薬剤師に管理してもらい、訪問介護員の介助で服薬できており残薬なし	
口腔衛生	(良好)	不良	2週に1回、歯科衛生士が口腔ケア実施 毎晩訪問介護員がブラッシングを行っている。	
義歯の有無等	(無)	部分	全部 **Q1**	
食事摂取	問題無	咀嚼問題有	(嚥下障害有)	朝：胃ろう、昼：エンシュア経口、夕食：刻み食
食事量	(普通)	多い	少ない	3回／日
Q2 食事摂取形態	(経口摂取)	(経管摂取)	（　1200　kcal／日・3回／日）	
食事形態(主食)	常	(かゆ)	重湯	ペースト状　　他
食事形態(副食)	常	(きざみ)	(とろみ)	ペースト状　　他
飲水	(普通)	多い	少ない	医師指示量　1200ml／日　飲水量　1200ml／日
栄養状態	(良)	普	不良	エンシュアは朝は胃ろう、昼は経口で摂取夜は調理した食事を経口摂取
身長・体重	168　cm		65　kg	
麻痺・拘縮	無	(麻痺有)	(拘縮有)	口が左側に寄っている。**Q3**　首から肩にかけて拘縮
じょく瘡・皮膚の問題	無	有	(治療中)	手と足に爪白癬　あせも（首回り・鼠径部）
入浴	2　回／週・月			
排泄（便）	1日1回	(便秘無)	便秘有	
排泄（尿）	昼：5回・夜：2回			
睡眠時間帯	20　22　24　2　4　6　8　10　12　14　16　18　20 就寝（夜中にトイレ）　起床　朝食　昼食　**Q4**　夕食			
維持・改善の要素、利点	胃ろうについては現実を認識し、折り合いをつけて暮らす冷静さがある。 体重が増加した時は摂取量を制限して体重コントロールができる。			

（健康状態）

Q5 姉が旅さん（弟）に望む暮らしをさせたいのはなぜか。

A5 病気発症後から一人暮らしを強く希望していたし、夫婦同然の関係だったYさんが亡くなった70歳までは、今の自宅で暮らし続けたいとの願いをかなえてあげたいと考えている。

Q6 意向の度合を「中」としたのはなぜか。

A6 会社勤めの頃から入浴は好きでなかったが、不潔な状態は職場の人に失礼と入浴していた。今でも人への配慮のため入浴しているが、好んではいないため、「中」とした。

メント支援シート

作成日	平成31年1月5日
作成者	海山　景色

問題（困りごと）	意向・意見・判断		生活全般の解決すべき課題（ニーズ）			優先順位
			整理前	関連	整理後	

問題（困りごと）		意向・意見・判断	整理前	関連	整理後	優先順位
胃ろうをつけている状態は、人間の体に異物をつけていること。三食、口から食べられないので困る。 汗っかきであせもができやすいし、人を不快にさせると困る。	利用者意向	口から食べることを楽しみたい。（高） 身体が痒くなったり、人に不快な思いをさせないようにしたい。（中）　**Q6**	②口から食べたい。	②④	口から食べたい。	4
		意向の度合：(高)(中) 低 失 ／ 意向の表明 阻　**Q7**				
病気が再発して、弟が望む暮らしができなくなったら困る。（姉）　**Q5**	家族意向	弟が自宅で暮らし続けられるように、健康でいてもらいたい。（姉）	③汗のために人に不快な思いをさせないようにする。	①③	**Q8** ①へ統合	
		意向の度合：(高) 中 低 失 ／ 意向の表明 阻				
	医師・専門職等意見	あせもができたり、胃ろう部やソケイ部などにただれや赤みがある時は薬を塗る必要がある。爪白癬の治療をする必要がある。（医師・看護師） 胃ろうを外すことはできないので、胃ろうが合わなくならないよう体重を増やさないようにする必要がある。（医師・看護師） 口腔周囲筋が落ちてきているので嚥下訓練をする必要がある。（歯科医師）				
	CM判断	汗をかきやすいため、皮膚疾患が悪化しないよう清潔を保つ必要がある。 経口摂取が継続できるように、嚥下訓練を続ける必要がある。 今の体重を維持して、胃ろうが合わなくなるのを防ぐ必要がある。	④健康でいてもらいたい。（姉）	②④	**Q9** ②へ統合	
	CMの利用者・家族の意向への働きかけ	(実施中) 検討中 未検討 不要 ／ 対応難度 困難				

Q7 2か所に〇がついているのはなぜか。

A7 利用者意向が複数あり、それぞれの度合が異なるため、意向ごとに度合が分かるように記入した。

Q8 ③を①に統合したのはなぜか。

A8 旅さんが「汗で人を不快にさせない」と言うのは、人が気持ちよく接してくれるようになりたいという思いの表れと捉えられるため①に統合

Q9 ④を②に統合したのはなぜか。

A9 姉の健康への心配も理解できるが、「口から食べる楽しみ」という旅さんの願いを大切にしたいから。そのことはケアプランのサービス内容に反映できるため、②を生かした。

❶　Yさんは旅さんが一人暮らしができるように、旅さんのできることは何かを常に考えて、生活上の工夫やトレーニングを行っていた。構音障害があっても、一人で来客対応ができるようにすることも、オートロックの集合住宅では必要なこと。また、インターフォンを指で操作できなくても手のひらで開錠ボタンが押せるように、Yさんが工夫して改良してくれた。

Q1「レバー操作が上手くいかず、流せないことが時々ある」は一部介助ではないのか。

A1　上手く流せる時と、流せない時の頻度を勘案して選択した。上手く流せないことは年に数回程度なので「自立」を選択

Q2　具体的にどのような状況か。

A2　トイレまで車いすで行って、手すりにつかまって立位となり、壁に頭をつけて体幹を支えながら着衣の上げ下ろしをする。水洗レバーを操作できるように、レバーに紐をくくり付けて自分で流せるよう工夫している。一連の動作を一人で行うことができている状況

Q3　旅さんが具体的に行っていることはなにか。

A3　商品（食べたい菓子や聞きたいCD、Yさんに手向ける花など）は、旅さんがチラシをみて選択する。注文書に書くことは困難なので、選択したものを伝えて、購入手続きを行ってもらう介助を受けている。

Q4　ATMでの引き出しはどのように行っているか。

利用者名	旅　行男			リ・アセス

	状　態				
ADL	食事	自立	見守り	一部介助	(全介助) 手の不随意運動があるため訪問介護員が介助
	食事場所	食堂	ベッド脇	ベッド上	(他)（リビング兼寝室）
	排泄（排便）	(自立)	見守り	一部介助	全介助 排泄後にレバー操作が手くいかず、流せないことが時々ある。Q1
	排泄（排尿）	(自立)	見守り	一部介助	全介助
	排泄（日中）	(トイレ) PT 尿器 パット リハビリパンツ オムツ 留カテ			
	排泄（夜間）	(トイレ) PT 尿器 パット リハビリパンツ オムツ 留カテ			
	排泄（失禁）	(無) 有			
	入浴	自立	一部介助	(全介助)	
	更衣・整容	自立	一部介助	(全介助)	
	寝返り	(自立)	一部介助	全介助	
	起上がり	自立	(一部介助)	全介助	30度ほどギャッジアップすると腹筋を使って起き上がる。
	座位	(自立)	一部介助	全介助	車いすに長時間座っていられるが、左に傾くため「座位保持用具」を使用
	立位	(自立)	一部介助	全介助	両手で手すりにつかまれば立てる
	移乗	(自立)	一部介助	全介助	ベッド⇔車いすは一人で乗り移れる。
	歩行	自立	(一部介助)	全介助	室内は車いす自走。屋外は介助
	使用機器	杖 歩行器 (車椅子) (ベッド) その他			
	維持・改善の要素、利点	一人で排泄ができている。Q2 できている生活動作を維持・向上するために屈伸運動を続けている。入浴し、きれいにして人に不快な思いをさせないための配慮ができる。			
IADL	買物 Q3	自立	(一部介助)	全介助	食べたいもの等はチラシをみて選択、配達を依
	金銭管理 Q4	自立	(一部介助)	全介助	3か月に1回の頻度で20万円ほどATM引き出して管理している。
	献立	自立	一部介助	(全介助)	配食事業者と訪問介護員に任せている。
	ゴミ出し	自立	一部介助	(全介助)	家政婦が行っている。
	調理と片付け Q5	自立	一部介助	(全介助)	家政婦と訪問介護員が行っている。
	掃除・洗濯	自立	一部介助	(全介助)	家政婦と訪問介護員が行っている。
	火気管理	自立	一部介助	(全介助)	本人は火気を使わない。
	外出 Q6	自立	一部介助	(全介助)	2、3か月に1回程度の外出（ATM）
	服薬状況	自立	一部介助	(全介助)	家政婦が胃ろうに注入
	住環境	(問題無)	問題有	住居内はバリアフリーで車いすで移動できている。	
	維持・改善の要素、利点	インターフォンが鳴ったらオートロックを開錠して来客対応ができる。❶			

A4　有償ボランティアが同行し、引き出す金額は旅さんが決めて、操作は手伝ってもらっている。引き出した額をその場で旅さんが確認している。

Q5　家政婦はどのような調理を行っているか。

A5　昼食で飲むエンシュアにとろみを付け、夜の訪問介護員が来るまでの間の水分補給用の飲み物として準備をしている。加えて、午前中に嚥下と摂食動作の訓練と称して、好きなおやつを食べる時間を作っており、手でつかんで一人で食べられるよう一口大の大きさにして皿に

第3章 事例1

メント支援シート

作成日	平成31年1月5日
作成者	海山　景色

問題（困りごと）		意向・意見・判断	生活全般の解決すべき課題（ニーズ）			優先順位
			整理前	関連	整理後	
トイレにひとりで行けなくなったら一人暮らしができなくなるので困る。誰かに手伝ってもらわなければ、一人暮らしができないので困る。	利用者意向	トイレは一人で行き続けたい。自分でできている身の回りのことは続けたい。70歳までは自宅での自由な暮らしを続けたい。　　意向の度合【高】中 低 失　意向の表明　阻	⑤トイレは一人で行き続けたい。	⑤⑥	Q7⑥に統合	
なし	家族意向	なし　　意向の度合 高 中 低 失　意向の表明　阻				
	医師・専門職等意見	食生活をコントロールできる力を維持する必要がある。（訪問看護）	⑥自分でできている身の回りのことは続けたい。	⑤⑥	自分でできている身の回りのことは続けたい。	2
	CM判断	排泄動作を一人でできることが在宅生活継続のカギなので、維持する必要がある。自分でできている身の回りのことは、続けることができるよう支援する必要がある。				
	CMの利用者・家族の意向への働きかけ	【実施中】検討中 未検討 不要　対応難度 困難				
お酒、食べ物、お菓子などの嗜好品やCDを自分で選びに行けなくて困る。	利用者意向	大好きな嗜好品やCDを手元に置きたい。　　意向の度合【高】中 低 失　意向の表明　阻	⑦大好きな嗜好品やCDを手元に置きたい。	⑦	大好きな嗜好品やCDを手元に置きたい。	3
なし	家族意向	なし　　意向の度合 高 中 低 失　意向の表明　阻				
	医師・専門職等意見	毎週土曜日は酒を飲む日にしている。飲みたい酒を買ったり、食べたいと思う菓子を買ったりして、楽しい時間がつくれていることを大切にする必要がある。（訪問介護員）				
	CM判断	酒、食べ物、菓子、CDなどを自分の目で見て選ぶ楽しみ、それを味わったり聴いたりする楽しみが実現できるよう支援する必要がある。				
	CMの利用者・家族の意向への働きかけ	【実施中】検討中 未検討 不要　対応難度 困難				

並べている。

Q6 外出の機会は2、3か月に1回で充分か。

A6 病気をする前から外で過ごすよりも、家の中で過ごすことを好んでいた。家の中では好きな音楽を聴いたりテレビを観たりして過ごせるので、外出の頻度が少ないからといってストレスに感じることはないようだ。ATMに行くなど、生活上必要な外出をする程度

Q7 トイレに行き続けることは一人暮らしの条件となっているが⑥に統合するのはなぜか。

A7 旅さんは受け身の姿勢ではなく、誰の手も借りずに一人で暮らしていきたいと本当は願っている。トイレに限らず、できていることを続けていく能動的な気持ちを支えるために⑥に統合

❶　Yさんが亡くなって間もなくの頃、遺影に手向けている花を見ながら、「Yさんはおしゃれで花が好きだった。」と語り、旅さんが花を手向けることは、Yさんを想う行為と考えたため記入

写真を飾ったり花を手向けたりすることは旅さんにとって自宅で暮らし続ける上で支えとなると考え、この行動を維持する必要があると考えた。

❷　「ニーズとせず」は、意向と判断が一致しなかったことを意味する。

これは、旅さんの現在の知人・友人・親族が高齢となる中、介護支援専門員は新たな人とのつながりの必要を考えたが、旅さんはその必要を感じず、外出することに積極的でないため。

Q1 どのくらいの頻度か。

A1 職場の元同僚は月に1、2回程度

元上司は2、3か月に1回程度の来訪

Q2 Yさんとの思い出の写真を飾っていることを記入したのはなぜか。

A2 Yさんと旅行した時のエピソードが詰まっている思い出の写真を長時間過ごす部屋に自ら飾る様子を見て、旅さんのYさんに対する想いを支えることが必要と感じた。旅さんの写真を飾る行動は暮らしの支えとして必要と判断

Q3 判断の内容は、何を捉えてのものか。

A3 元同僚や上司は、旅さん

利用者名	旅　行男	リ・アセス

| 状　態 |||||

	社会参加	⊗無	有	
社会交流	対人交流	無	⊘有	**Q1** 知人・友人・親族との交流が続いている。加えて職場の同僚や上司だった人との交流は続いており、定期的に3名ほどの来訪がある。
	維持・改善の要素、利点			職場を退職しても様子を見に来て、つながりを続けている同僚や上司がいる。実習生の受け入れなど、介護スタッフの質の向上に寄与することは、自分ができる役割と思って快く引き受けている。
特別な状況				**Q2** 元気な頃にYさんとの旅行で撮った思い出の写真を、毎月3枚ずつ取り換えて飾っている。このことが旅さんの自宅での暮らしを支え続ける源となっている。
	維持・改善の要素、利点			❶ 亡くなったYさんの遺影に、季節の花を供えている。

Q5　意向と判断が一致しなかったため、ニーズにならなかっ

年に数回程度しか外出することが無く、対人交流は家族・友人・介護ス
られている。趣味を同じくする人が集まる場へ行って新たな楽しみを発
があるとよいと考えるが、本人は、「元々アウトドアとか外出よりも家
が好きなので、今の生活でストレスがたまることはない」と言っている
としなかった。

と同年代か少し年上であるため、加齢に伴い交流の機会が減る懸念がある。新たな人と関わることで、自分の存在価値を感じながら暮らす必要があると考えた。

Q4 困りごとがない場合、「不要」を選択するのではないか。

A4 介護支援専門員として新たなつながりの必要性を感じつつも、旅さんが興味を持って行こうと思える人の集う場所が地域に存在しないため、「不要」

メント支援シート

	作成日	平成31年1月5日
	作成者	海山　景色

問題（困りごと）		意向・意見・判断		生活全般の解決すべき課題（ニーズ）				優先順位
				整理前	関連	整理後		
利用者 なし	利用者意向	なし		❷ ニーズとせず				
		意向の度合　高　中　低　失　意向の表明　阻						
家族 なし	家族意向	なし						
		意向の度合　高　中　低　失　意向の表明　阻						
	医師・専門職等意見	なし						
	Q3 CM判断	今あるつながりは年齢を重ねるにつれ、途切れやすくなるため、対人交流を絶やさないよう、新たに親しくする人に会う機会を作っていく必要がある。						
	Q4 CMの利用者・家族の意向への働きかけ	実施中　検討中　未検討　不要　対応難度　困難						
利用者 写真を選ぶことはできるが、写真立てに入れられなくて困る。	利用者意向	Yさんを身近に感じながら暮らしたい。		⑧Yさんを身近に感じながら暮らしたい。	⑧	Yさんを身近に感じながら暮らしたい。		1
		意向の度合　高　中　低　失　意向の表明　阻						
家族 なし	家族意向	なし						
		意向の度合　高　中　低　失　意向の表明　阻						
	医師・専門職等意見							
	CM判断	一人暮らしを支えているYさんの存在を身近に感じながら、生活をする必要がある。						
	CMの利用者・家族の意向への働きかけ	実施中　検討中　未検討　(不要)　対応難度　困難						

理由	「リ・アセスメント支援シート」を作成して気が付いたこと
フッフに限見する機会ご過ごす方めニーズ	

とはせず「未検討（意向への働きかけを検討していない）」を選択。旅さんが「行こう」と思える居場所づくりを地域課題と捉えるかは別に検討が必要

Q5 新たな人とのつながりを作ることについて旅さんと話をしたりするか。

A5 人の役に立つことをいとわない旅さんなので、これまでYさんと旅行した各地の観光名所の見どころやグルメスポットなどを本にして旅行に行く人に役立ててもらいたいと話していたことがあった。やってみたい気持ちと、取り組むには人の手伝いや自費出版の資金も必要になることから、諦めの気持ちの方が強い様子だった。

❶ 基本情報2 の「主訴」や 基本情報1 の「趣味・好きなこと」、2表 の「長期目標」を参考にして記入

❷ 基本情報2 の「主訴」や、2表 の「長期目標」を参考にして、旅さんにとっての「楽しみを持った暮らし」とは何か共有して記入

❸ 脳幹出血を発症後、重度の後遺症がありながらも、自分の家で暮らしたいという旅さんの気持ちを支えたのはYさんであった。Yさんが亡くなった今は、「Yさんの年齢まで今の暮らしを続けたい」という思いが生活を支えている。旅さんが自らに課した「一人でトイレに行き続ける」ための努力は、一人在宅で介護を受け続ける自尊心を支えていると捉えた。リ・アセス3 の「ADL」の「利用者の困りごと」を参考に「総合的な援助の方針」の柱とした。

❹ 基本情報2 の「利用者の被保険者情報」の「収入額・支出額」の通り、収入額よりも支出額が上回るプランになるのは避けられないことを、旅さんと姉は理解している。貯金の切り崩し額を最小限にとどめるための工夫として、緊急時に医療とつながるための連絡先は、訪問看護ではなく訪問診療とした。

❺ 生活援助は必要だが、介護保険で身体介護中心型のサービスを利用し、生活援助は家政婦に依頼することで、不定期で発生する柔軟な対応を必要とする援助（郵便物の開封と読み上げや、支払い（振込）等の援助）が受けられるようにした。

第1表

利用者名	旅　行男　　　　殿	生年月日

居宅サービス計画作成者氏名　　　　海山　景色

居宅サービス計画作成介護保険施設名及び所在地　　けあぷらん

居宅サービス計画作成（変更）日　平成31 年 1 月 7 日

認定日　　平成29 年 4 月 15 日　　　　認定の有効期間

要介護状態区分	要介護1　・　要介護2　・　要介護3
利用者及び家族の生活に対する意向	**❶** 本人：病院や施設は制限があって、人に気を〜だりできる生活は、気が楽でいかに素〜これまで支えてくれたYさんが亡くな〜 姉：弟の気のすむようにしてあげたい。　好きな音楽を聴いたり、食べたいものを〜 **❷**
介護認定審査会の意見及びサービスの種類の指定	なし
❸ 総合的な援助の方針	一人暮らしを続けるための条件は、「一人でト〜け、（Yさんが亡くなった年齢である）70歳まで〜 1.体重が重くなりすぎないように注意をはらい〜う。　3.好きな音楽の編集や視聴、スポーツ観〜 緊急連絡先：（主治医：△△病院）03-〜 **❹**（姉）090-○○○○-○○ ○○（甥）080-○○○○-○○ ○○
❺ 生活援助中心型の算定理由	1．一人暮らし　2．家族が障害、疾病等

【同意欄】私は、この居宅サービス計画書（第1表、第2表、第〜

居宅サービス計画書（1）　　　　　　作成年月日　平成31 年 1 月 7 日

初回　・　紹介　・（継続）　　　（認定済）・　申請中

昭和35 年 5 月 10 日　　　　住所　東京都◇区●●●町1－1－1

_____

ンター　　　東京都◇区●●●町1－2－3

初回居宅サービス計画作成日　平成29 年 5 月 1 日

平成29 年 5 月 1 日 ～ 平成31 年 4 月 30 日

・　要介護4　　・（要介護5）

遣わなくてはいけない。自宅に帰ってきた時は、好きな音楽を聴いたり拡大鏡を使って新聞を読ん
情らしいかと思った。
って悲しいが、Yさんと過ごしたこの家で70歳（Yさんが亡くなった年齢）まで暮らし続けたい。

末わったりして、楽しみを持って暮らしてもらいたい。

ンに行き続けること」と、旅さんは考えています。そのために、筋力を維持してできている排泄動作を続
は今の場所で楽しみを感じて暮らせるように支えていきます。
つつ、食べることを楽しみましょう。　2.身体を動かして、今できている動作が続けられるようにしましょ
践などの趣味に取り組めるよう支えます。
11-1113

3. その他　（　　　　　　　　　　　　　　　　）

3表）に同意し、受け取りました。　　　年　　　月　　　日　　　氏名　　　　　印

57

第3章
事例1

❶　基本情報2の「利用者の要望」やリ・アセス4の「特別な状況」にも記入したが、今でも変わらぬYさんとの思い出や感謝が、重介護状態での一人暮らしを支えていると考えた。思い出と共に生きることは決して後ろ向きではない。Yさんが生きた70歳まではこの家で暮らしたいという旅さんの生活する意味や希望につながっていると考えた。

❷　旅さんと話すうちに発見した事実をリ・アセス4の「特別な状況」の「状態」に記入した。定期的に写真を取り替えて飾り続けることや、季節の花を供え続けることは、長期目標に示したYさんへの思い出や感謝の気持ちを具体化した活動であり、それを、ぜひ続けてほしいと願い尊重した。

❸　短期目標を達成するために必要な一連の工程をなるべく具体的に示し、それをどこが担うのかを明示した。

❹　「サービス内容」に記入した事項を旅さん自身が担うことが可能で、自ら行うことがふさわしいものを先に記入。次に旅さんの意向に沿って、ほかの人に依頼するものについては、地域の社会資源から最も適切なものを選択して記入

❺　基本情報2の「利用者の要望」にも記入したが、70歳までは今の家で暮らし続けるのが、旅さんの強い要望である。単に暮らすことだけではなく、具体的な生活状況について「趣味・好きなこと」、「情報収集源・活用状況」で聞き取ったこ

第 2 表				

利用者名　　　　　旅　行男　　　　　　　殿

生活全般の解決すべき課題（ニーズ）	目　標			
	❶長期目標	期間	❷短期目標	
Yさんを身近に感じながら暮らしたい。	Yさんはすでに亡いが、Yさんが自分を存在させていた。Yさんに感謝しながらこれからも共に、この家で暮らすことができる。	H31・1・10～H31・4・30	Yさんと旅行した時の写真を毎月3枚ずつ取り替えて飾ることがことができる。 -------- Yさんの遺影に季節の花を供えることができる	
自分でできている身の回りのことが続けられる。	❺Yさんが亡くなった70歳までは自宅で好きな音楽を聴いたり、テレビ番組を観たり、気楽に暮らすことができる。	H31・1・10～H31・4・30	❻トイレは一人で行き続けられるよう、筋力を保つ。 ❼ -------- 自分でできないところを補ってもらい、一人暮らしを続ける。	

※1　「保険給付対象か否かの区分」について、保険給付対象内サービン
※2　「該当サービス提供を行う事業所」について記入する。

とを材料に記入することにより生活への意欲を高め、旅さん自身の目標としても確認し、共有できた。

❻　リ・アセス3の「ADL」で導いた旅さんの高い意向は「トイレは一人で行き続けたい。」、「自分でできている身の回りのことは続けたい。」であった。これは、自分でできることは可能な限り続けるという旅さんの自立心に基づいたものである。この気持ちを支援し維

居宅サービス計画書（2）

期間	③ サービス内容	※1	④ サービス種別	※2	頻度	期間
H31·1·10 ～ H31·4·30	写真を選ぶ。			本人	1/月	H31·1·10 ～ H31·4·30
	写真立てに写真をセットする。		有償ボランティア	G 社協	1/月	
H31·1·10 ～ H31·4·30	花のカタログの入手			本人	2/月	H31·1·10 ～ H31·4·30
	花を選ぶ。			本人	2/月	
	花を注文する。		有償ボランティア	G 社協	2/月	
	遺影のそばに供える。		家政婦	Z 家政婦紹介所	2/月	
H31·1·10 ～ H31·4·30	屈伸運動			本人	5/週	H31·1·10 ～ H31·4·30
	起居の動作	○	福祉用具貸与（特殊寝台・付属品）	F レンタルサービス	毎日	
	トイレまでの移動手段の提供	○	福祉用具貸与（車いす）	F レンタルサービス	毎日	
H31·1·10 ～ H31·4·30	ゴミ出し・掃除・洗濯		家政婦	Z 家政婦紹介所	毎日	H31·1·10 ～ H31·4·30
	買物（嗜好品・衛生品など）		有償ボランティア	G 社協	適宜	
			通信販売	姉	適宜	
			宅配	U 会社	毎日	
	金銭管理 ①引き出し			①③本人		
	②引出補助		②有償ボランティア	G 社協	適宜	
	③支払い					
	④通帳管理			①③④姉		

については ○印 を付す。

持したいと考え、2 つの短期目標を立てた。

❼ リ・アセス3 「ADL」の「状態」から、生活行為は自分でできることと援助を受けていることが確認できる。他者に補ってもらう必要はあるが、旅さんが主体的に暮らしていく気持ちが表れる目標を設定

❶　　基本情報1　の「趣味・好きなこと」にも記入したが、旅さんの望む暮らしの具体的な柱として、歌謡曲があった。リ・アセス3　の「IADL」の聞き取りでは、酒、食べ物、菓子などの嗜好品を知ることができた。こうした好きなものを自ら選んで手元に置き、日々を営むことが旅さんの希望なのだと考えた。基本情報2　の「家族の要望」で聞き取った「楽しみを持って暮らしてもらいたい。」という姉の気持ちにも、沿うことができる。

❷　　リ・アセス3　の「IADL」の「問題（困りごと）」として旅さんが語った「自分で選びに行けなくて困る。」に表わされた「自分で選びたい。」という気持ちの強さを明示することによって旅さんの気持ちに寄り添った目標が自分のものになるであろうし、次の必要なサービス内容を具体的に考えることにもつながると考えた。

❸　　リ・アセス2　の「健康状態」の「意向」で、旅さんが「口から食べることを楽しみたい。」と願っていることを明らかにした。好きなものを口から食べたいと望むのは自然なことであり、楽しみのある暮らしだと思われる。実際にも少しは食べることができているため、維持したいと考えた。ただし、主治医からは体重を増やさないよう指示があるため、「サービス内容」には「医師による診察と処方、利用指導・助言」を計画し医師の了解を得ている。このことは姉の「健康でいてもらいたい。」という要望にも沿っている。

❹　　「食べる」ことは、身体的な健康を維持するのに必要なため、「必要な栄養を摂る。」を短期目標に明示した。心理的な側面については嗜好品で記入したため、ここでは「健康状態」に特化した。歯科医師による嚥下訓練の必要性の意見に従い、サービス内容に嚥下評価・訓練を明示した。

第2表

| 利用者名 | 旅　行男　殿 | | |

生活全般の解決すべき課題（ニーズ）	目標		
	長期目標	期間	短期目標
大好きな嗜好品やCDを自分の手元に置きたい。	酒、食べ物、菓子などを自分で選んで食べたり、CDも選んで聴いたりして楽しく暮らすことができる。❶	H31・1・10〜H31・4・30	食べたいもの、飲みたいもの、聴きたいものを選べるようにする。❷
口から食べたい。	好きな食べ物を味わって食べる楽しみを持って暮らす。❸	H31・1・10〜H31・4・30	必要な栄養を摂る。❹

※1　「保険給付対象か否かの区分」について、保険給付対象内サービ

※2　「該当サービス提供を行う事業所」について記入する。

居宅サービス計画書（2）

作成年月日　平成31年　1月　7日

期間	サービス内容		※1	サービス種別	※2	頻度	期間
				援 助 内 容			
H31・1・10 〜 H31・4・30	カタログの入手				本人	適宜	H31・1・10 〜 H31・4・30
	商品を選ぶ。				本人	適宜	
	商品を注文する。			有償ボランティア	G社協	適宜	
	配膳と片付け			家政婦	Z家政婦紹介所	毎日	
			○	訪問介護	Aケアセンター	毎日	
	CDのレンタル			有償ボランティア	G社協	1/2週	
	CDプレイヤーの操作				本人	適宜	
				有償ボランティア	G社協	1/2週	
H31・1・10 〜 H31・4・30	医師による診察と処方、療養上の指導及び助言			訪問診療	△△病院	1/2週	H31・1・10 〜 H31・4・30
			○	居宅療養管理指導	△△病院	1/2週	
	（1）朝食	①摂取		①家政婦	Z家政婦紹介所	毎日	
		②胃ろう管理		②訪問診療	△△病院	1/週	
				②訪問看護	Bナースステーション	1/月	
	（2）昼食	①準備		①家政婦	Z家政婦紹介所	毎日	
		②摂取			②本人	毎日	
	（3）夕食	①配達		①配食サービス	I配食サービス	毎日	
		②調理・配膳・下膳	○	②③訪問介護	Aケアセンター	毎日	
		③食事介助					
	嚥下評価・訓練			訪問歯科		1/2週	
			○	居宅療養管理指導（歯科医師）	C歯科医院	1/2週	
			○	居宅療養管理指導（歯科衛生士）	C歯科医院	1/2週	

については ○印 を付す。

第3章 事例1 居宅 ケアプラン第2表③

＊前頁の課題・長期目標と同様だが、参考に再度掲載

① 病歴に脳幹出血があり、血圧コントロール薬が処方されていることを確認し、基本情報2の「病歴（特記事項を含む）。」に記入。再発予防の必要性があると考えた。また、リ・アセス2の「健康状態」の中の「医師・専門職等意見」に記入したが、医師、看護師は体重増加に注意すべきとの意見である。この意見に従い、血圧・体重の安定を目標とした。

② リ・アセス1の「コミュニケーション」から「スムーズに会話したい」という意向を導きニーズにしたが、その背景には構音障害があることを明らかにした。話が聞き取りづらいため認めてもらえず落ち込む、という悲しみの陰には「普通に認めてもらいたい。」という気持ちがあった。その悲しみと希望に寄り添い、プライド（自尊心）を持った暮らしができることを目標とした。「(話が通じにくい) 僕ではダメなのかと落ち込む。」という現状は尊厳が保たれている状態ではないと考えた。

③ 「口腔周囲筋を鍛えて維持する必要がある。」との医師、看護師、訪問介護員の意見をリ・アセス1の「コミュニケーション」に記入するとともに、短期目標に活かした。明示することにより旅さん自身の意欲的な取り組み（サービス内容）、挑戦を促す働きかけにもなると考えた。

④ 旅さんだけが意識的に取り組むのではなく、知人や友人を含む関係者全員が意識して旅さんに接し、話す機会を多くつ

第3章 事例1

第 2 表

利用者名　　　　旅　行男　　　　　　　殿

生活全般の解決すべき課題 (ニーズ)	目標		
	長期目標	期間	短期目標
口から食べたい。＊	好きな食べ物を味わって食べる楽しみを持って暮らす。＊		血圧や体重などを安定させる。**①**
スムーズに会話したい。	自分を普通に認めてもらい、プライドを持って暮らすことができる。**②**	H31・1・10〜H31・4・30	口の筋肉を動かす機会と時間を多くする。（1日2回）**③**
			人に嫌われないようにする。**⑤**

※1 「保険給付対象か否かの区分」について、保険給付対象内サービ
※2 「該当サービス提供を行う事業所」について記入する。

くってもらうために「サービス内容」に記入

⑤ 旅さんは、「人に不快な思いをさせないようにしたい」と考えている。これは旅さんの人に配慮する優れた点であると認め、リ・アセス1の「コミュ

ニケーション」の「維持・改善の要素、利点」に明示していることを維持するために、統合前の整理前ニーズ③を参考にして、「旅さんにはこんな良いところがある。」という意味を込めて記入

期間	サービス内容	※1	サービス種別	※2	頻度	期間
			援 助 内 容			
31・1・0〜31・4・0	血圧測定		家政婦	Z 家政婦紹介所	毎日	
	バイタル・体重測定	○	訪問入浴	E 入浴センター	2/週	
	測定値の把握と助言、医師への報告		訪問看護	B ナースステーション	1/月	H31・1・10〜 H31・4・30
	処方薬の配達・薬剤管理（服薬カレンダー・残薬等）		訪問薬局	D 薬局	1/2 週	
	服薬指導・助言	○	居宅療養管理指導（薬剤師）	D 薬局	1/2 週	
	服薬介助		家政婦	Z 家政婦紹介所	毎日	
31・1・0〜31・4・0	読書器を使った音読			本人	毎日	H31・1・10〜 H31・4・30
	好きな歌を歌う。			本人	毎日	
	来訪者との会話❹			本人・来訪者	毎日	
	嚥下評価・訓練		訪問歯科	C 歯科医院	1/2 週	
		○	居宅療養管理指導（歯科医師）	C 歯科医院	1/2 週	
		○	居宅療養管理指導（歯科衛生士）	C 歯科医院	1/2 週	
31・1・0〜31・4・0	❻身体の清潔を保つ。 ①入浴	○	訪問入浴	E 入浴センター	2/週	H31・1・10〜 H31・4・30
	②清拭	○	訪問介護	A ケアセンター	5/週	
	皮膚の健康を保つ。 ①観察	○	訪問看護	B ナースステーション	1/月	
	②薬の塗布	○	訪問介護	A ケアセンター	毎日	
			家政婦	Z 家政婦紹介所	毎日	
	身なりを整える。	○	訪問介護	A ケアセンター	毎日	

については ○印 を付す。

❻　旅さんは他者と一定程度の距離感を持って生活したいと考えていたが、介護を受ける際には、人と近い距離で会話したり援助を受けることになる。短期目標の「人に嫌われないようにする。」ためには、人と近い距離で関わる際に「不快な思いをさせない」ことが大切だと、旅さんは考えた。この短期目標を達成するために、本人が気持ちよく介護を受けられるように「体の清潔を保つ」と「サービス内容」に記入

❶　2表②の長期目標「酒、食べ物（略）」と「好きな食べ物（略）」を実現するために、午前中に楽しみにしているおやつを添えたコーヒータイムを設定

❷　リ・アセス2の「健康状態」「状態」「食事摂取」の昼食は「経口摂取」となっているため、旅さんが一人で昼食を摂取できるように、午前中の家政婦がエンシュア1本と水分補給用のお茶等にとろみを付けて冷蔵庫に用意するよう工夫

❸　2表①の長期目標「Yさんはすでに亡いが（略）」と2表②の長期目標「酒、食べ物（略）」を実現するために、旅さんの生活を潤す頼みごとを有償ボランティアに依頼できるように週1回の来訪を設定（備考：時間と曜日は有償ボランティアの予定に合わせて設定）

❹　2表①の長期目標「Yさんが亡くなった70歳まで（略）」を実現するために、旅さんが取り組む活動を設定（備考：手元を見てリモコンを操作することは難しいが、指で配置を認識しているため操作できる。）

❺　2表①の長期目標「Yさんが亡くなった70歳まで（略）」を実現するために旅さんが自主トレーニングに取り組むスケジュールを記入
2表①「援助内容」の「頻度」が"5/週"であるのは、会社勤め同様に土曜・日曜を休暇日として屈伸運動を実施しないと旅さんが決めているため、スケジュールに未記入

第 3 表				
利用者名	旅 行男 殿			

		月	火	水
深夜	4:00			
早朝	6:00			
	8:00			
午前	10:00		訪問入浴	
	12:00			
午後	14:00			
	16:00	自主トレーニング	自主トレーニング	自主トレーニン
	18:00			
夜間	20:00			
	22:00			
深夜	0:00			
	2:00			
	4:00			
週単位以外のサービス	特殊寝台・特殊寝台付属品・車いす貸与（毎日）、訪問看			
	居宅療養管理指導：医師（1／2週）、居宅療養管理指			

❻　旅さんが住む集合住宅はオートロックの玄関だが、リ・アセス3の「IADL」の「状態」の「維持・改善の要素、利点」にあるとおり、旅さんは来訪者の対応ができる。また、リ・アセス1の「認知と行動」の「維持・改善の要素、利点」では「記憶に優れ、自分で日程管理をすることができる。」とある。配食サービスを受ける時は配達時間に合わせて自宅のオートロックを開錠し、玄関で待機して受け取り、膝の上に弁当を載せてリビングまで自分で運ぶ。

週間サービス計画表

作成年月日　　平成 31 年　1 月　7 日

木	金	土	日	主な日常生活上の活動
				6:30　起床
家政婦				8:30　朝食
	訪問入浴			10:00 頃から 新聞を読んだり コーヒータイム ❶
本人				12:00　昼食 ❷
		有償ボランティア ❸		テレビを観たり ❹
自主トレーニング	自主トレーニング		❺	音楽鑑賞をして過ごす。
配食サービス ❻				
訪問介護				19:00　夕食
				23:00　就寝
				夜中に 1、2 回トイレ

1／月）、
: 薬局（医師が訪問した翌日）、居宅療養管理指導：歯科医師・歯科衛生士（1／2 週）

事例2 居宅 ケース概要

銀河　陽子　　68歳　　女性
要介護5
悪性リンパ腫末期

　　銀河さんは仕事を続けながら夫と2人で暮らしていました。平成10年、定期健診で高血圧を指摘され服薬を開始しました。平成19年、夫が胃癌末期の診断を受け、不安の渦中にあった夫を支え、3か月間の自宅療養の後に看取りました。一人暮らしとなった銀河さんですが、元来真面目でなんでも熱心に取り組む人柄から会社の上司に信頼され、また、相手を気遣い面倒見もよく後輩の相談にもよく乗っていたので、友人・同僚との食事会や旅行など多くの人との交流の機会がありました。
　　平成28年、微熱が続き下肢のしこりも気になり受診。「悪性リンパ腫」と診断され外出の機会は減りましたが、仕事は続けていました。平成30年、排尿障害・歩行障害が出現し入院。9月、退院を契機に掃除・買物等生活面の支障もあって、それまで暮らしていたT県を離れ、長女一家と急遽、同居することになりました。同時に介護保険を申請。訪問診療・訪問看護等の支援を開始し、余命数か月の告知を受けました。「せめて最期まで長女一家に迷惑をかけないで逝きたい。」と願う銀河さん。「気丈な母です。私たち家族には弱音を吐かないと思います。母が辛くないように過ごさせてあげたいです。」と願う長女とその家族を強固な支援チームが支えています。

次頁以降に掲載している各シートの解説・Q&A の文中において、
基本情報シート1枚目・2枚目は、基本情報1 基本情報2と表す。
リ・アセスメント支援シート1〜4枚目は、リ・アセス1 リ・アセス2 リ・アセス3 リ・アセス4と表す。
ケアプラン第1表〜第3表は、1表 2表 3表と表す。ただし、第2表は3枚に渡るため、①〜③を付している。

❶　特に終末期では急変が予測されるため、「家族情報・緊急連絡先」は優先順位を確実に記入

❷　終末期では介護状況の変化を予測。主介護者以外の支援状況も記入。息子が母の世話をする場合、排泄の支援は難しい傾向がある。

❸　銀河さんの特徴として最新のIT機器などを活用し、終末期であっても社会情勢に関心を持っていることを記入

第3章　事例2

ふりがな		ぎんが　　ようこ				
利用者氏名		銀河　陽子		相談者氏名　北方夏子	続柄	本
				前回アセスメント状況　実施年月日		平成

生年月日	明・大・㊐・令　25年11月10日	68歳	性別	男

現住所	〒○○○－○○○○ 東京都○○区○○一丁目1－1

家族情報・緊急連絡先	介護者	緊急の連絡先❶	氏名	続柄	同居・別居	
	主	1	北方夏子	長女	⑩・別	東京都○○区○○
	副	2	北方冬彦	長女の夫	⑩・別	
			北方菜緒	孫	⑩・別	
			北方万理	孫	⑩・別	
					同・別	

住居	戸建（平屋・2階建以上）・アパート・マンション・公営住宅

エレベーター	無・有（　　　　　　　　　　）	所有形態	持ち家

Q1 住居の状況

（住宅間取図）

ベランダ

長女夫婦寝室

TV　ソファ　冷蔵庫

浴室　テーブル　流し台

洗面台

トイレ

孫の居室

●＝手すり設置箇所
▲＝段差

ベッド

本人寝室 4・5畳

仏壇
TV　本棚

玄関

孫の居室

Q1 終末期に特に必要な情報は何か。

A1 終末期では病状により骨折もしやすくなる。転倒などのリスクがある時は「住居の状況」に移動動線上の「手すり」の位置や居室の広さ、段差も記入し、今後の支援に活かす。

Q2 過去の暮らしの様子や同居の経緯を詳しく記入したのはなぜか。

A2 元気な頃の暮らしぶりは、利用者の持っている力や価値観などの把握につながる。「現在の生活のズレ」と向き合い、生きる意欲も見つけだせ

る。終末期にあっては、喪失感などから悲観的な発言が多くなることもあるが、利用者と一緒に「自身の歩み」を振り返り「大事なもの」を探るための情報収集となる。同居に至る経緯は様々。銀河さんは退院時に「一人暮らし」は難しいと判断し「呼びよせ同居」。本人・家

基本情報シート

作成日	平成31年4月18日
作成者	西原　秋子

基本情報①

・(家族)・他（　　　）	受付日	平成30年9月25日	受付対応者	西原秋子	受付方法	来所・(電話)・他（　　）

1年1月8日	理由	初回	更新	(状態の変化)	退院	退所	他（　　）	実施場所	(自宅)・病院・施設・他（　　）

(女)	被保険者番号	1	1	1	1	1	1	1	1	1	1	要介護状態区分	要介護5

自宅TEL	○○○—○○○—○○○○
携帯TEL	
FAX	
E-mail	

家族状況（ジェノグラム）	世帯	独居・高齢者のみ・(他)（長女一家と5人暮らし）

住所	連絡先
1丁目1番1号	自宅 ※※※－※※※－※※※※ 携帯 ○○○－○○○○－○○○○
同上	自宅 ※※※－※※※－※※※※ 携帯 ○○○－○○○○－○○○○
同上	自宅 ※※※－※※※－※※※※ 携帯 ○○○－○○○○－○○○○
同上	自宅 ※※※－※※※－※※※※ 携帯 ○○○－○○○○－○○○○

❷ 特記事項
夫は11年前に胃癌で死亡している。長女の夫は平日仕事で不在だが土日は話相手をしている。長女も自転車で10分の医療機器メーカーに勤務。19時頃帰宅し二食準備と土日には掃除、入浴介助をしている。

5　）階・他（　　　　）

借家	トイレ	和式・(洋式)・ウオシュレット
住居に対する特記事項		

退院前に孫の部屋を銀河さん用に介護保険、高齢者施策利用で洋間に改修している。玄関・居間やトイレ等への各移動動線にあわせて手すり設置済み。ドアノブもレバー式で開閉が容易になっている。玄関も広く車椅子での移動が可能な状態になっている。

改修の必要性	（(無)・　有　）

生活状況

生活歴 Q2

高校卒業後就職し、19歳で同僚の夫と結婚した。20歳で長女出産後も仕事は継続する。子煩悩な夫と3人で年に数回は旅行に出かけ、アルバムもきちんと整理されていた。真面目で何事にも熱心に取り組む性格で会社の上司から信頼され、後輩の面倒見もよく相談相手にもなっていた。平成10年定期健康診断で高血圧を指摘され服薬を開始した。平成19年夫が胃がん末期の診断を受け、3ヶ月間自宅で介護看取った。夫の死亡後は学友や同僚と食事会や旅行を楽しんでいたが、平成28年「悪性リンパ腫」と診断され、外出の機会が減ったが仕事は続けた。平成30年排尿障害・歩行障害により買物・掃除等生活面で支障があり、それまで暮らしていたT県から退院と同時に慌しく移り、長女一家と同居。同時に介護保険申請し支援を開始する。

趣味・好きなこと Q3

本（特に推理小説、随筆、歴史書が好き）は今でも1週間に数冊読んでいる。以前は旅行が好きだった。話好きで話題も豊富。料理も好きで長女から「菓子やケーキ」が美味しかったと。夫死亡後は「手抜き料理」と本人より。

❸

情報収集源・情報活用状況

TVのニュースや友人・同僚・スマートフォンやタブレットも活用している。社会情勢に関心がある。

族の関係だけでなく介護状況の変化から生活面、精神面、経済面、居住環境による影響は大きく、今後の支援の展開に影響を与えると判断。「それまで暮らしていたT県から引越」と記入

Q3 「1週間に数冊読む読書好き」が「ケアプラン第2表」に反映されていないのはなぜか。

A3 どのような状況であっても、本人が前向きに取り組んでいることを把握することは今後の支援の展開で活かす。銀河さ

んは「本を読んでいる時間はあれこれ考えずに集中できてよい。」と言っている。体調を見極めながら自分で判断し取り組んでいるため、介護支援専門員から働きかける必要なしと判断

❶ 終末期の特徴として関連ある情報を記入。終末期では「疼痛緩和」が優先。銀河さんも主治医の判断で「麻薬」以外の服薬は中止。24時間の相談支援体制や特別訪問看護指示書の交付を受け、頻回な訪問看護が可能になり医療体制が充実

❷ 終末期は丁寧な聞き取りにより本人・家族の思いを引き出し要約をしない。主介護者だけでなく、主介護者を支える副介護者などの思いの把握も必要。銀河さんは気丈で気遣いができる人。急な同居への思いも影響。「トイレだけは何としても行きたい。治療などに無駄なお金をかけずに長女・家族のために残したい。」など、家族を気遣う人物像理解が重要。長女はこの先何が起こるのか、どこまで母を支えられるか、という思い。長女夫の「週末の協力」発言は妻の心情を受け止め、妻の体調への気遣い。孫は「今の姿を見るのは辛い。」。銀河さん家族の思いが分かるよう意識して記入

Q1 終末期として「経済状況」や「収入額・支出額」の把握で気を付けることはあるか。

A1 経済面の情報は今後の支援を検討する上でも初期の段階で確認。特に、終末期の2号被保険者の場合、医療保険で「3割負担」の利用者がいる。経済的な負担の程度の判断につながる。

Q2 「利用しているサービス」に訪問看護（医療保険）や福祉用具貸与（ベッド・床ずれ予防用具）を記入しているのはなぜか。

ふりがな	ぎんが　　ようこ
利用者氏名	銀河　陽子

利用者の被保険者情報 Q1	介護保険	申請中	支援1	支援2	介護1	介護2	介護3	介護
	医療保険	後期高齢　(国保)　社保　共済　他( )						
	公費医療等	(無)　有( )						
	障害等	(無)　身障(種 級)　精神(級)　療育						
		難病( )　障害等名( )						
	生活保護	(無)　有( )　担当者名						
	経済状況	国民年金　(厚生年金)　障害年金　遺族年金　他(						
	収入額・支出額	収入(円/年)　27万円/月　支出(3万						
	金銭管理者	(本人)　家族( )　他(						

病歴	発症時期	病名	医療機関・医師名(主治医
	平成10年	高血圧	Xクリニック　Y医師
	平成28年	悪性リンパ腫	Xクリニック　Y医師

特記事項 ❶ ①バクター・タケプロン・ワンアルファー・ユーロジン・プルセニ ②デュロテップMTパッチ（3日毎交換）、オキノーム（4時間毎可用）
平成27年頃から疲れやすくなり何となく身体のほてりも感じていなく栄養剤等服用。平成28年右股関節周囲にしこりを感じたが痛みため大学病院受診。「悪性リンパ腫ステージⅡ」の診断。抗がん剤繰り返す。平成31年3月下肢リンパ液漏出で主治医はターミナルと

Q2 利用しているサービス	サービス種別	頻度	事業者・ボランティア団体等	担当者
	訪問看護（医療保険）	5/月・(週)	訪問看護ステーションC	D氏
	福祉用具貸与(ベッド・床ずれ予防用具)	/(月)・週	K福祉用具事業所	J氏
	居宅療養管理指導	2/(月)・週	G薬局　薬剤師	H氏
	訪問介護	2/月・(週)	E訪問介護事業所	F氏
	訪問診療	1/月・(週)	Xクリニック	Y医師
		/月・週		
		/月・週		

A2 「利用しているサービス」はモニタリングも意識し、「終末期」なので、サービス種別は「訪問看護」に（医療保険）を加え、「福祉用具貸与」は（ベッド・床ずれ予防用具）と記入。利用者の望む暮らしを実現するため、どのような支援を展開しているのかチームとしての支援の方向性が分かり「課題」もみえる。①厚生労働大臣が定める疾病、②末期の悪性腫瘍などの場合、訪問看護は「医療保険」適応が可能。銀河さんの場合、医師が「終末期」と判断したため②に該当。福祉用具貸与では低体重・低栄養状態で「今後の病状変化やじょく瘡」

基本情報シート

作成日	平成31年4月18日
作成者	西原　秋子

（介護5）	認定日	平成31年1月30日	有効期限	平成31年1月8日　　〜　　令和1年7月31日										
	支給限度額等	36065単位／月												
	審査会の意見	特になし												

	認定情報	障害高齢者の日常生活自立度	主治医意見書	自立	J1	J2	A1	A2	B1	B2	C1	（C2）
			認定調査票	自立	J1	J2	A1	A2	B1	B2	C1	（C2）
		認知症高齢者の日常生活自立度	主治医意見書	（自立）	I	IIa	IIb	IIIa	IIIb	IV	M	
			認定調査票	（自立）	I	IIa	IIb	IIIa	IIIb	IV	M	

意見作成者に○）・連絡先		経過	受診状況		治療内容
	TEL　000−0000−0000	治療・（経観）・他	毎週訪問	訪問診療	
○	TEL　000−0000−0000	（治療）・経観・他	毎週訪問	訪問診療	麻薬の調整・24時間対応・特別訪問看護指示書発行
	TEL	治療・経観・他			
	TEL	治療・経観・他			

（現在服用中止）
〜1日3〜5回服

、健診でも異常
し。微熱を繰返
療のため入退院

連絡先		
000-0000-0001	❷主訴 Q3	相談内容
000-0000-0002		
000-0000-0003		
000-0000-0003		
000-0000-0000		

相談内容

もう疲れました。このままでいいです。（本人）
この家がよいか、緩和ケア病棟への入院がよいか考えています。日に日に悪くなっていく母の様子をみているのは辛いです。仕事を休むと母が気にするので出勤していますが落ち着きません。（長女）
気丈であり気遣いもある母の性格を思うと一人暮らしのままの方がよかったのかと思ってしまいます。もっと甘えて欲しいです。（長女）

利用者の要望

本当は長女家族に迷惑をかけたくありません。急な同居で孫の部屋を占領してしまい申し訳なく思っています。できれば一人暮らしに戻りたいです。オムツは嫌です。トイレだけは何としても自分で行きたいです。もう治らないし死を待つだけの日々はむなしくて早く死にたいです。治療などに無駄なお金はかけず、長女家族のために残したいです。

家族の要望

急に状態が悪くなったので不安がいっぱいです。母が少しでも辛くないように過ごさせてあげたいです。（長女）
妻が倒れると困ります。私も週末は協力します。（長女の夫）
おばあちゃんは私たちによくお菓子を作ってくれました。今の姿を見ているのが辛いです。（孫）

のリスク。下肢の皮膚ケアへの対応から「ベッド・床ずれ予防用具」の利用を明記することで今の状態を把握できると判断。薬剤師の居宅療養管理指導の記入からケアプランに必要な情報提供や指導・助言がしっかり行われていることを把握。何をどのように記入した方がよいかは

事例ごとに異なるため、記入する内容については介護支援専門員が必要性を判断

Q3 終末期の人の情報収集で気を付けることは何か。

A3 多くを語らない人もいれ

ば、話を聴いて欲しいと思う人もいる。対人援助職としてのコミュニケーション能力が活かされる。インテークでは「基本的に必要な情報」の把握もあるが、介護支援専門員が「思い」を語れる「相手」となるには信頼関係を早くつくることが必要

① 　銀河さんの特徴として周囲への人々への気遣いや自立心の強さがある。また、その心情を理解して関わる家族との関係性を記入

② 　家族への気遣い、急な同居に対する銀河さんの思いをそのまま記入

Q1 「できる」に○でも余白欄に記入するのはなぜか。

A1 　銀河さんの状態を把握するための情報。「何ができる・できない」の確認は「問題」「意向」につながり、「ケアプラン第2表」の展開に活かされるため介護支援専門員が必要と判断した情報を記入。利用者の身体状況によっては短時間での情報収集になる場合もあるので、後日にしたり、家族から聞き取るなどの配慮が必要。
銀河さんの状態では「意思伝達はできる。」だが「息切れの状況」は今後の支援の展開に影響があると判断。家族が感じている「介護者の負担感」も「無」となっているが、銀河さんへの家族の介護に対する思いは大事な情報と判断し記入

Q2 「息苦しそうで見ていて辛い」という「問題」を「息苦しさがなくなって楽に話しができるようにしたい。」という「意向」にしないのはなぜか。

A2 　介護支援専門員の役割は本人・家族の意欲的な暮らしを支えるため、利用者・家族が自ら「これが私の困りごと・私の思い」と理解することが大事。銀河さんと長女の「問題」・「意向」は明確。性格も似ていてお互いを気遣う。母の思いを理解しているからこそ家族意向

<table>
<tr><td colspan="2">利用者名</td><td colspan="4">銀河　陽子</td><td colspan="2">リ・アセス</td></tr>
<tr><td colspan="8" align="center">状　態</td></tr>
</table>

コミュニケーション	視力	(問題無)	はっきり見えない	殆ど見えない	
	眼鏡	無	(有)		
	聴力	(問題無)	はっきり聞こえない	殆ど聞こえない	
	補聴器	(無)	有		
	言語	(問題無)	問題有		
	意思伝達 **Q1**	(できる)	時々できる	困難	1～2分程度の会話でも息切れがする。
	維持・改善の要素、利点	自分の意思がはっきりしている。友人、同僚など仲間がたくさんいて話も好き。ITも使いこなせる。コミュニケーション能力が高い。			
認知と行動	認知障害	(自立)	軽度	中度	重度
	意思決定	(できる)	特別な場合以外はできる	困難	
	指示反応	(通じる)	時々通じる	通じない	
	情緒・情動	(問題無)	抑うつ	不安	興奮
	行動障害	(無)	暴言　暴行　徘徊　多動　昼夜逆転　不潔行為　介護抵抗　夜間不穏　異食行為		
	精神症状	(無)	妄想　幻覚　せん妄　見当識　無関心　常時ウトウトしている。		
	維持・改善の要素、利点	我慢強く意思も明確。長女家族に感謝と気遣いができる。社会情勢に関心があり話題も豊富			
家族・知人等の介護力	介護提供	常時可	日中のみ可	(夜間のみ可)	不定期　無　長女夫婦
	介護者の健康	(健康)	高齢	病身	他
	介護者の負担感 **Q1**	(無)	有	母が辛くないようにしてあげたいが、どうしてよいかわからない。看護師さんやヘルパーさんからいろいろと教わりたい。（長女）	
	維持・改善の要素、利点 **①**	急に状態が悪くなり不安がある中でも穏やかに過ごすことを支えてくれる長女家族がいる。本人は周りに迷惑や負担をかけずに暮らしていきたいという自立心が強い。その心情を理解し、支えようとする長女がいる。			

を「息苦しさの軽減」と機械的に反転させず「時間がないので親しい人たちとじっくり話ができるようになって欲しい。（長女）」と長女の心情を記入

Q3 「息切れしないでじっくり話をしたい。」と書くこともで

きるが、そうしないのはなぜか。

A3 　本人・家族からは多くの意向が表明される。その中には目標やサービス内容に該当する内容も含まれている。介護支援専門員は「ケアプラン第2表」を意識し、意向や意見などの情報から「長期目標・短期目標・

メント支援シート

		作成日	平成31年4月18日
		作成者	西原　秋子

問題（困りごと）		意向・意見・判断		生活全般の解決すべき課題（ニーズ）			優先順位
				整理前	関連	整理後	
じっくり話をしたいが息切れがして困る。	利用者意向	家族や親しい友人たちとじっくり話がしたい。在宅酸素はうっとうしいので使いたくない。		**Q3** ①じっくり話がしたい			
		意向の度合　(高)　中　低　失　意向の表明　阻					
母は親しい人達とじっくり話したいのだと思うが、すぐ「ハーハー」と息苦しそうで見ていて辛いので困る。（長女）	家族意向	時間がないので親しい人達とじっくり話ができるようになって欲しい。（長女）			① ④ ⑥	④に統合	
Q2		意向の度合　(高)　中　低　失　意向の表明　阻					
	医師・専門職等意見	頸部リンパ節も腫脹。低栄養状態で体力低下。在宅酸素が必要であるが、本人は拒否している。（Y医師）・本人、家族の不安や心の揺れにも寄り添いながら支援していく必要がある。楽な姿勢の保持や麻薬の使い方の工夫、肺理学療法を行う必要がある。（D看護師）		**Q4**			
	CM判断	本人が別れの挨拶をきちんとしたいと思っている。気丈なので頑張りすぎず、自分のペースを大事にしながら安楽な姿勢、薬の調整等は家族・医師・看護師と連携する必要がある。					
	CMの利用者・家族の意向への働きかけ	(実施中)　検討中　未検討　不要　　対応難度　困難					
なし	利用者意向	なし					
		意向の度合　高　中　低　失　意向の表明　阻					
なし	家族意向	なし					
		意向の度合　高　中　低　失　意向の表明　阻					
	医師・専門職等意見	なし					
	CM判断	なし					
	CMの利用者・家族の意向への働きかけ	実施中　検討中　未検討　不要　　対応難度　困難					
娘が働いている時に横になっていて申し訳なく思う。娘と家族に迷惑をかけているので困る。	利用者意向	最期まで自分でできることはやり続けたい。					
		意向の度合　(高)　中　低　失　意向の表明　阻					
日中一人で過ごしているので何かあったらと不安になり困る。（長女）妻が倒れると困る。自分も週末しか休めず手伝えなくて困る。（長女の夫）	家族意向	急に状態が悪くなり分からないことが多いので、母にとって苦痛の少ない介助の方法を教えて欲しい。（長女）		②最期まで自分でできることはやり続けたい	② ③ ⑦	⑦に統合	
		意向の度合　(高)　中　低　失　意向の表明　阻					
	医師・専門職等意見	24時間いつでも連絡がとれる体制があることを伝え、安心してもらう必要がある。（Y医師）家族の揺れる思いも受け止めながら、苦痛の少ない介助方法等一緒に行い、長女の健康状態も観察し、細やかな支援を続けていく必要がある。（D看護師）					
	CM判断	①本人の覚悟を支える必要がある。②不安の中にある長女家族を支えるため病状理解や今後予測される変化、困った時に相談できる専門職の介入継続が必要③本人・家族がお互いの思いやりの力を損なわないように介護負担の軽減をする支援について伝え続ける必要がある。					
	CMの利用者・家族の意向への働きかけ	(実施中)　検討中　未検討　不要　　対応難度　困難					

サービス内容」と区分し、核心部分を整理前ニーズとする視点を持つことが必要。銀河さんの場合、「息切れしない」は、利用者の家族・友人・同僚との別れの挨拶をするためのプロセスと捉えた。その結果、整理前ニーズは「じっくり話がしたい」となった。

Q4 医師専門職らは「在宅酸素が必要」との意見だが、整理前ニーズとしないのはなぜか。

A4 医師は「酸素が必要なレベル」と判断したが銀河さんは拒否している。銀河さんには強い意志、家族への気遣い、価値観やこだわりがあり、そのこと

を医師を含めた支援チームが受け止めた結果である。なお、「ケアプラン第2表」では急変時の在宅酸素療法の選択も残しながら、「専門職による呼吸法の指導・緊急時に対応可能な状態を常に意識・24時間いつでも連絡が取れる体制」として記入したいと考えた。

Q1 情報はどのように得るのか。

A1 主治医意見書も確認し、さらに確認したいことを事前整理。銀河さんの場合、「下肢リンパ液漏出」については訪問診療に同行し主治医より「皮膚潰瘍状態で難治性。全身の水分量が多いわけではない。利尿剤は不要。患部の細菌感染予防のため軟膏使用や傷つけない対応が必要」との情報を得る。「栄養状態」の判断は、「血清アルブミン値」も指標となる。低体重・低栄養の状態から「病状への影響」を医師専門職などから得る。

Q2 利用者の問題から意向を「息切れがなく過ごしたい。」としないのはなぜか。

A2 「息切れがあって（略）」に焦点が当たると身体的な「問題解決」に特化した思考になりやすい。終末期は「疼痛緩和」が優先するが柔軟な思考も求められる。銀河さんの言葉にできない思いを把握し、身体もだるく辛い状況から意向は「痛みや身体の（中略）続いて欲しい。」、整理前ニーズは「楽に身体を動かしたい。」とした。

Q3 「終末期の状態変化」に特に配慮したのはなぜか。

A3 終末期の特徴は「状態変化の早さ」にある。月単位・週単位・日単位で変化し、徐々に口から食べられず、寝ている時間も長くなる。聴力は最期まで保たれている。家族と最期の時まで「語らう」時間を作る配慮が必要。利用者、家族は「看取りの準備」として事前に主治医や看護師から説明は受けても不安や怖さで胸が詰まる。利用

者・家族に寄り添い苦痛の緩和に努め、「終末期を支える強固なチーム」をつくるのは、介護支援専門員の重要な役割の一つ。

Q4 アセスメント段階で詳細で具体的に記入したのはなぜか。「実施中」「検討中」の両方に○を付したのはなぜか。

A4 銀河さんの場合、終末期として大事な①疼痛緩和②チームアプローチ③家族支援④緊急時対応⑤⑥は利用者の尊厳の保持の視点から記入。意向への働きかけでは①～⑤は日ごろの支援状況からチームで意識した関わりを継続できていると判断し「実施中」とした。⑥は、銀河

利用者名	銀河　陽子					リ・アセス

		状　態				
健康状態	主疾病(症状痛み等)	悪性リンパ腫末期。全身のリンパ節腫脹。両下腿よりリンパ液が漏出しているので、吸収しやすいようにオムツを常時巻いている。腰～下肢の痛みは強い。				
	薬	無 / (有)		デュロテップMTパッチは看護師、オキノームは自己管理中。現在は1日3～4回程度服用		
	口腔衛生	(良好) / 不良		すべて自歯というのが自慢。今でも歯磨きの習慣を続けている。		
	義歯の有無等	(無) 部分 全部				
	食事摂取	(問題無) 咀嚼問題有 嚥下障害有		ベッドに端座位で食事しているが、身体がだるかったり手の力も低下しているので辛い状態		
	食事量	普通 多い (少ない)		1日2回。小さなおにぎり1個バナナ半分		
	食事摂取形態	(経口摂取) 経管栄養		全身倦怠感で手指の力も低下。箸は使えるが疲れる。		
	食事形態(主食)	(常) かゆ 重湯 ペースト状 他				数口程度
	食事形態(副食)	(常) きざみ とろみ ペースト状 他				数口程度
	飲水　Q1	普通 多い (少ない)	医師指示量	特になし　／日	飲水量400ml/日	
	栄養状態	良 普 (不良)		食欲がなく食事量低下。血清アルブミン値3.3g/dl。		
	身長・体重	150　cm		30　kg	BMI　13.3	
	麻痺・拘縮	(無) 麻痺有 拘縮有		両足部の感覚なし		
	じょく瘡・皮膚の問題	無 有 (治療中)		下肢リンパ液漏出。低栄養。床ずれはないが今後発症が予測され床ずれ予防マット使用		
	入浴　Q1	1回／(週)・月		現在は清拭対応。その前は月1回程度日中家族不在時に一人で入っていた。		
	排泄（便）	1日3回 (便秘無) 便秘有		自己導尿1日1回（朝）。排尿量は少ない。軟便ごく少量		
	排泄（尿）	昼：3回・夜：0回				
	睡眠時間帯	20 (22) 24 2 4 (6) 8 10 12 14 16 18 20　「働いている娘に申し訳ない」と日中は寝ない。熟睡はできない。				
	維持・改善の要素、利点	本人は病状を受け止めている。在宅療養を支え、いつでも相談できる状況にある訪問医がいる。看護師や訪問介護員、理学療法士も状況に合わせた対応ができる。急な状態変化で不安ながら、「苦痛のないように」と本人のことをきちんと看ようとする家族に囲まれている。24時間体制でターミナル期を支える強固なチームがある。				

作成日	平成31年4月18日
作成者	西原　秋子

問題（困りごと）	意向・意見・判断	生活全般の解決すべき課題（ニーズ）			優先順位
		整理前	関連	整理後	

Q2
息切れがあって身体を動かすと辛くて困る。身のおき所がなくて困る。

利用者意向
痛みや身体の辛い状態が減って、楽に身体を動かしたい。（長女夫婦や孫・友人にきちんと挨拶をしておきたい。）
少しでも体調の良い日が続いて欲しい。

意向の度合	高	中	低	失	意向の表明	阻

③楽に身体を動かしたい。

②③⑦

⑦に統合

これからどのような状態になるのか分からず不安で困る。（長女）
急に様子が変わったらどのようにしてよいか分からず困る。（長女の夫）

家族意向
母の思い通りに過ごさせてあげたい。できることはやってあげたい。苦痛のない日々を過ごして欲しい。他の場所に床ずれ等できないで欲しい。（長女）

意向の度合	高	中	低	失	意向の表明	阻

医師・専門職等意見 **Q3**
余命数週間程度と説明。在宅酸素が必要だが、今のところ拒否。24時間いつでも連絡を取れる体制があることを伝え安心してもらう必要がある。下肢の状態については、悪化が予測されるが、感染予防・軟膏対応で様子を観る必要がある。（Y医師）
終末期の状態変化（週・数日単位）、急変時にも家族が慌てないよう「看取り」の過程の説明を続け不安を減らす必要がある。楽な姿勢だけでなく、呼吸法も肺理学療法で指導していく必要がある。日中、一人で過ごす時間を少なくできるよう、支援体制も検討を続ける必要がある。（D看護師）

④長女夫婦や孫・友人や同僚にきちんと別れの挨拶をしておきたい。 **Q5**

①④⑥

長女夫婦や孫・友人や同僚にきちんと別れの挨拶をしておきたい。

2

CM判断 **Q4**
①本人が苦痛なく過ごすための支援を継続する必要がある。
②抵抗力も落ちる。小さな変化も見逃さないよう、医療連携を図りながら、チームで関わることが必要。特に下肢の状態については注意深く観察していく必要がある。
③不安な時や判断に迷う時に遠慮なく相談できる関係を継続していく必要がある。
④常に緊急時の対応が可能な状態にしておく必要がある。
⑤今後、意識混濁の予測。家族以外に親しい人と「別れ」ができる機会の検討。家族、医師、看護師とタイミングの相談が必要
⑥本人が拒否している在宅酸素については、本人の意向を尊重する。　①〜⑤実施中・⑥検討中

CMの利用者・家族の意向への働きかけ	実施中	検討中	未検討	不要	対応難度	困難

さんの拒否から「受け入れは難しい」が、急変時には身体的・精神的苦痛から「選択の可能性」ありと判断し「検討中」とした。

Q5 整理前ニーズを別れの挨拶にしたのはなぜか。

A5 銀河さんは、家族・友人などと惜別の思いをきちんと果たしたい。「息切れ（中略）困る」の問題から、息切れや辛い症状が減ることで「別れの挨拶」ができることを期待。健康状態からくる生活上の支障の視点から「ケアプラン第2表」への展開も視野に、利用者意向

を「痛みや身体の（長女夫婦や孫、（中略）しておきたい）」とした。（　）内は「社会交流」ともつながる内容だが、銀河さんらしい生き方から「健康状態」にも記入。「少しでも体調の良い日が続いて欲しい」との本人意向は「ケアプラン第2表」で活かす内容と判断

Q₁ 「自立」の場合でも余白欄に記入するのはなぜか。

A₁ 「日常生活動作」の判断は利用者の残存能力維持や環境によっても左右される。利用者がどのような生活を過ごしているのか状態を把握する材料となる。銀河さんは、辛い身体状況の中でも、最期まで自分でできることはやり続けたいと努力している。「トイレでの排泄」への強い意志は「何としても・這ってでも」という銀河さんの発言から理解できる。

Q₂ 「全介助」で余白欄を具体的に書くのはなぜか。

A₂ 「全介助」という状態だけでなく、本人の「力」を見極めながら、どのような介助を誰から受けているのかは知りたい。銀河さんは、金銭、服薬管理は自身で行い長女家族の役割分担もできている。訪問看護や訪問介護の支援で在宅療養が支えられている。

Q₃ 「転倒予防」の記入がないのはなぜか。

A₃ 転倒のリスクから骨折の可能性は高いが、利用者・家族も十分に理解した上で覚悟をしている。「這ってでもトイレで排泄したい。」と言う「母のプライドを大切に思う家族」の心情をチームでもくみ取りADLの「維持改善の要素、利点」欄に明記した。

利用者名	銀河　陽子	リ・アセス

		状　　態				
	食事	(自立)	見守り	一部介助	全介助	二食　ベッド脇に長女がセットする。
	食事場所	食堂	ベッド脇	(ベッド上)	他（　　　）	
	排泄（排便）	(自立)	見守り	一部介助	全介助	トイレまで2mあり手すりを使っている。その後息切れが増す。
	排泄（排尿）	(自立)	見守り	一部介助	全介助	朝1回自己導尿中
	排泄（日中）	(トイレ) PT	尿器	パット	リハビリパンツ	オムツ 留カテ	導尿含め3回
	排泄（夜間）	トイレ PT	尿器	パット	リハビリパンツ	オムツ 留カテ	なし
	排泄（失禁）	(無) 有				
ADL Q₁	入浴	自立	一部介助	(全介助)	看護師による清拭
	更衣・整容	自立	(一部介助)	全介助	ズボンの着用ができず長女、看護師の支援を受ける。
	寝返り	(自立)	一部介助	全介助	自力で時間をかけてゆっくり行う。その後息切れが増す。
	起上がり	(自立)	一部介助	全介助	自力で時間をかけてゆっくり行う。その後息切れが増す。
	座位	(自立)	一部介助	全介助	両手で身体を支えている。
	立位	(自立)	一部介助	全介助	体力低下等はあるが、誰もいない時に全身の力を振り絞ってトイレに行く。
	移乗	(自立)	一部介助	全介助	手すり・家具等につかまりながら時間をかけてゆっくり行う。
	歩行	(自立)	一部介助	全介助	手すり・家具等につかまりながら時間をかけてゆっくり行う。
	使用機器	杖	歩行器	車椅子	(ベッド) (その他)床ずれ予防用具
	維持・改善の要素、利点	痛みの程度を把握しながら「寝返り」等を自分でやりたい、這ってでもトイレで排泄したいと思っている。家族は転倒骨折が心配しながらも、母のプライドを大切に思っている。				
IADL Q₂	買物	自立	一部介助	(全介助)	長女も帰宅時購入
	金銭管理	(自立)	一部介助	全介助	長女に預金の引き出しのみ依頼
	献立	自立	一部介助	(全介助)	長女は本人に希望を聞いているが「何でもいい」と。
	ゴミ出し	自立	一部介助	(全介助)	長女の夫が行っている。
	調理と片付け	自立	一部介助	(全介助)	片づけは孫も手伝う。
	掃除・洗濯	自立	一部介助	(全介助)	ヘルパーが行う。週末は長女
	火気管理	自立	一部介助	(全介助)	使用しない。
	外出	自立	一部介助	(全介助)	同居後ほとんど外出していない。
	服薬状況	(自立)	一部介助	全介助	貼付薬のみ看護師管理
	住環境	(問題無)	問題有	改修済み	
	維持・改善の要素、利点	長女一家に、それぞれの役割を分担し、支えあう力がある。各サービスの利用料は本人が現金で支払っている。				

Q₄ 家族の負担感について検討しないのはなぜか。

A₄ 余命数週間程度の告知を受け、本人・家族も覚悟を決めている。「維持・改善の要素、利点」欄に記したように「長女一家に、それぞれの役割を分担し、支えあう力がある。」と判断。本人と家族の結びつきの強さもある。本人の中にある穏やかさや自分より他者を優先する思いが家族だけでなく支援チームを引き付けている。経済面で本人のこだわりがあり、今の支援体制の変更を望んでいない要因もある。

メント支援シート

作成日	平成31年4月18日
作成者	西原　秋子

問題（困りごと）**Q₃**		意向・意見・判断 **Q₃**	生活全般の解決すべき課題（ニーズ）**Q₃**				優先順位
			整理前	関連	整理後		
身体がだるくて思うように動けないのでトイレに行かれなくなると困る。	利用者意向	トイレだけは這ってでも自分で行きたい。	⑤トイレだけは這ってでも自分で行きたい。	⑤	トイレだけは這ってでも自分で行きたい。	3	
		意向の度合（高）中　低　失　意向の表明　阻					
介助で身体を動かしたりすると痛みが強くなる。上手く介助できずに困る。（長女）	家族意向	本人が辛くないように上手く介助してあげたい。（長女）					
		意向の度合（高）中　低　失　意向の表明　阻		**Q₅**			
	医師・専門職等意見	麻薬の使い方は看護師から家族に指導してもらう必要がある。（Y医師）痛みの少ない姿勢、ポジショニングの指導が必要。トイレへの移動、移乗は長女には無理。様々な専門職が積極的に介入していく必要がある。（D看護師）					
	CM判断	自力での「トイレ」利用のリスクは高いが、家族が認めている本人のプライドをチームで支える必要がある。日中独居の時間に急変も予測されるため、家族の悔いにならないよう、できる対応について家族を含めチームで検討を続ける必要がある。					
		CMの利用者・家族の意向への働きかけ（実施中）検討中　未検討　不要　対応難度　困難					
なし	利用者意向	なし					
		意向の度合　高　中　低　失　意向の表明　阻					
なし	家族意向	なし					
		意向の度合　高　中　低　失　意向の表明　阻					
	医師・専門職等意見	なし					
	CM判断	なし **Q₄**					
		CMの利用者・家族の意向への働きかけ　実施中　検討中　未検討　不要　対応難度　困難					

Q₅ ＡＤＬの整理前と整理後のニーズと関連について判断の理由は？

A₅ 「CM判断」にあるとおり、専門職からは麻薬の使い方、安楽な姿勢の指導を受けながら、銀河さんのプライドをチーム全員が認め、家族も悔いの残らないよう支える覚悟があるため、利用者意向を「トイレだけは這ってでも自分で行きたい。」とした。整理前ニーズも利用者意向を反映。他の項目との関連もないと判断。整理後ニーズは銀河さんのゆるがない信念と尊厳の保持から「トイレだけは這ってでも自分で行きたい。」とした。

❶　銀河さんは退院をきっかけに他県から「呼び寄せ同居」。元気な頃は姉御肌で友人や同僚から相談を受けたり、交流も楽しく続けていた。余命の告知を受けた時点で友人や同僚に別れの挨拶をする機会を自身でも探っている。

Q1　「特別な状況」をこのように書いたのはなぜか。

A1　終末期は利用者・家族の看取りに向けた思いや態度の把握が必要。銀河さんの場合、状態変化から急な同居となったが、利用者・家族双方が思いやる関係から、家族全員が家で看取る覚悟を決めているところに着目
銀河さんは元気な頃付き合っていた友人や同僚としっかり「挨拶」もできずに転居。それまで友人や同僚から信頼され銀河さんも大切に思う付き合い方をしてきた。家族も母の思いを遂げさせてあげたいと願っている。余命わずかになった銀河さんと、それを見守る周りの人々を見ていると、息をひそめたみんなの胸の鼓動が時の刻みを数えているように思える。大切にしたい。

Q2　「医師・専門職等意見」欄での「痛みどめの使い方の再確認」の意見を得ているのはなぜか。

A2　終末期では疼痛の緩和が優先する。事例ごとに異なるが、身体的な苦痛については主治医は除痛ラダー（※）に沿い、適切な麻薬の使い方から苦痛の軽減を図ることで、食事・入浴や外出など「本人がしたいこと」の支援ができる。医療と介護が連携し、銀河さんの「穏やかな生活」につなげる視点が大事
※「除痛ラダー」：「WHO三段階除痛（鎮痛）ラダー」のこと。詳しい内容は一般社団法人日本ペインクリニック学会のホームページ（https://www.jspc.gr.jp/igakusei/igakusei_keywho.html）参照

利用者名	銀河　陽子	リ・アセス

			状　態	
社会交流	社会参加 ❶	⊗無	有	転居したため、近隣との交流はない。
	対人交流	無	⊗有	転居前のT県にいる友人や同僚と電話で話す。
	維持・改善の要素、利点			自分より他人を思いやることができる。本人を気にかけて逢いたいと思ってくれる友人や同僚がたくさんいる。
特別な状況	Q1			終末期の母親を不安を抱えながらも呼び寄せ、共に苦しみを分かち合おうとする家族と、一人娘と残された時を過ごしたいと願いながらも負担をかけまいと心情を裏に秘めて、母の役割を果たそうと気丈に振る舞い頑張る母親の姿が見える。
	維持・改善の要素、利点			残り少ない日々を穏やかに過ごすことができるように支えていきたいと願う家族がいる。本人の友人や同僚も大事にしたいと考えてくれている長女がいる。

意向と判断が一致しなかったため、ニーズにならなかった

Q3　終末期の「特別な状況」欄での「CM判断」でありがとうの気持ちを挙げたのはなぜか。

A3　介護支援専門員としてどのようなチームをつくり、利用者・家族を支えたのかがポイン

メント支援シート

作成日	平成31年4月18日
作成者	西原　秋子

問題（困りごと）		意向・意見・判断		生活全般の解決すべき課題（ニーズ）			優先順位
				整理前	関連	整理後	
友人や同僚の相談にのれないと困る。	利用者意向	生きている限りは友人や同僚の役に立ちたい。		⑥生きている限りは友人や同僚の役に立ちたい。	①④⑥	④に統合	
		意向の度合　[高]　中　低　失　意向の表明　阻					
母が親しい友人たちと連絡ができなくなると寂しくなるだろうと思うと辛くて困る。（長女）	家族意向	母が寂しくないよう親しい友人たちとの交流が途切れないようにしたい。（長女）					
		意向の度合　[高]　中　低　失　意向の表明　阻					
	医師・専門職等意見	逢いたい人への連絡が必要。（Y医師）**Q2**　やりたいことができるようにして、痛みどめの使い方も再確認する必要がある。（D看護師）					
	CM判断	本人に家族・友人・同僚・チームのみなが「ありがとう」の気持ちを伝えるような支援をする必要がある。					
		CMの利用者・家族の意向への働きかけ　[実施中]　検討中　未検討　不要　対応難度　困難					
娘に母としての役割を果たせないで逝ってしまうことが困る。	利用者意向	せめて長女家族には迷惑をかけずに逝きたい。		⑦せめて最期まで長女家族には迷惑をかけずに逝きたい。	②③⑦	**Q4** せめて最期まで長女家族には迷惑をかけずに逝きたい。	I
		意向の度合　[高]　中　低　失　意向の表明　阻					
母が逝くと思うと辛くて困る。（長女）	家族意向	別れの時が来るまでしっかりで寄り添いたい。できることは何でもしたい。（家族全員）					
		意向の度合　[高]　中　低　失　意向の表明　阻					
	医師・専門職等意見	24時間いつでも連絡がとれる体制があることを伝え、安心してもらう必要がある。（Y医師、D看護師）					
	Q3 CM判断	本人に「ありがとう」の気持ちを伝える力を持った家族・友人・同僚・専門職などによるケアチームを作っていく必要がある。					
		CMの利用者・家族の意向への働きかけ　[実施中]　検討中　未検討　不要　対応難度　困難					

由	リ・アセスメント支援シートを作成して気づいたこと
	主治医や看護師からの丁寧な説明受け家族の意思も固まった。看取りの支援では医療と連携を図り在宅療養での不安軽減に努め、利用者、家族と共に早期からチームメンバーの選択やそれぞれの役割の明確化も大事な要素。医師専門職の意見を確認することから訪問介護員の不安の軽減につながった。家族と過ごす時間も大切だが「逢いたい人たちに逢い、別れを告げること」も銀河さんにとっては大切な「やりたいこと」であることが「リ・アセスメント支援シート」で明らかになった。銀河さんの願いを叶え、思い通りの最期を迎えるためには家族の理解と協力がなくてはできない。

ト。銀河さんにとって「私を認めてくれる」人々の存在は尊厳の保持につながる。銀河さんに「ありがとう」の気持ちを伝える力を持った家族・友人・同僚・専門職などによる気持ちのつながったケアチームを作っていく必要がある。

 ②③を⑦に統合したのはなぜか。

A4 銀河さんは、気丈で気遣いのある性格から最期まで「凛とした母として生ききる姿」を長女家族に見せようとしている。残される長女家族の不安の軽減に努める姿勢を大事にした生き方やこだわりが残されたわずかな日々を生きていく最大の力の源泉と考え、「特別な状況」欄を統合先と決めた。

❶　基本情報2の「主訴」や「リ・アセスメント支援シート」の「意向」や「ニーズ」欄、2表の「長期目標」をとりまとめて記入。銀河さんの場合は基本情報2「主訴」やリ・アセス3「ADL」、リ・アセス4「特別な状況」の「ニーズ」とも連動している。

❷　2表の「長期目標」と連動した内容を記入。銀河さんの場合、家族への愛情や自身で決めた生き方をチームで支え、思いやりのある家族への心身のサポートを意識する。

Q1　訪問看護ステーションをトップにしたのはなぜか。

A1　終末期の緊急連絡先の優先順位は、まずは主治医と訪問看護師とすることが多い。銀河さんは家族への状況報告を訪問看護に一本化した。理由は特別訪問看護指示書交付による頻回な訪問が可能となり、就労中でも詳細な状況報告を得たいというのが家族の意向。訪問介護事業者は訪問の都度、訪問看護師に報告することが重要

第1表

利用者名	銀河　陽子　　　　　殿	生年月日
居宅サービス計画作成者氏名	西原　秋子	
居宅サービス計画作成介護保険施設名及び所在地	A居宅介	
居宅サービス計画作成（変更）日　平成31年　4　月　18日		
認定日　　平成31 年　1　月　30 日	認定の有効期間	

要介護状態区分	要介護1　・　要介護2　・　要介護
利用者及び家族の生活に対する意向 ❶	本人：せめて最期まで長女家族に迷惑をか　　　　トイレだけは何としても自分で行き 長女：急に状態が悪くなったので不安でい 長女の夫・孫：できることはみんなで協力
介護認定審査会の意見及びサービスの種類の指定	認定の有効期間を6か月とする。
総合的な援助の方針 ❷	最期まで家族に迷惑をかけずに逝きたいと 1　「自分でできることはやり続けたい」 2　家族の「別れの時がくるまで寄り添い 3　銀河さん、家族がお互いに悔いの残ら 　　　【緊急時連絡先】　訪問看護ステー 　　　Q1　　　　　西原秋子(長女)
生活援助中心型の算定理由	1. 一人暮らし　2. 家族が障害、疾病

【同意欄】私は、この居宅サービス計画書（第1表、第2表、第

80

居宅サービス計画書（1）　　　　　　　　　　作成年月日　平成31 年　4 月 18 日

初回　・　紹介　・　継続　　　認定済　申請中

昭和25 年 11 月 10 日　　　住所　　東京都○○区　○○　1−1−1

_____

支援事業所　　東京都○○区○○ 4−5−6

初回居宅サービス計画作成日　平成30 年　9　月　25 日

平成31 年　1 月　8 日　〜　令和元 年　7 月　31 日

・　要介護4　　・　要介護5

ずに逝きたい。不安の中にある家族に辛い思いをさせないようにしたい。
い。
ぱいです。最期まで母が辛くないように過ごさせてあげたいです。
ていきます。

う銀河さんの気持ちを医師、看護師、薬剤師、介護支援専門員等のケアチームで支えていきます。
いう銀河さんの覚悟をしっかり受け止めた対応をします。
い」という思いをケアチームで支えます。
いよう支援します。
ョンC　　　　00-0000-0000　（Xクリニック　Y医師）
000-000-0000

　　3. その他　（　　　　　　　　　　　　　　　　　　　　）

3表）に同意し、受け取りました。　　　年　　　月　　　日　　氏名　　　　印

81

Q1 ニーズに対し、長期目標をこのようにしたのはなぜか。

A1 リ・アセス1 「家族・知人等の介護力」 リ・アセス2 「健康状態」 リ・アセス4 「特別な状況」を関連付け、統合先を「特別な状況」にし、母としての役割を最期まで貫きたいと願う銀河さんの強い意志から優先順位を1番にした。銀河さんと長女とその家族はお互いを思いやりながら最期の時を迎える覚悟を決めた。そのような状況から、長期目標には不安を抱えながら看取ることを決めた長女家族の心情を受け止め、基本情報2 の「利用者の要望」や、リ・アセス1・リ・アセス2・リ・アセス4 の「家族・知人等の介護力」「健康状態」「特別な状況」での銀河さんの意向から母・祖母として最期まで役割を果たそうとした銀河さんの生き方を象徴し「不安の中にある家族に辛い思いをさせないよう（略）」とした。

Q2 このような短期目標を設定したのはなぜか。

A2 関連統合した「家族・知人等の介護力」「健康状態」に記した洞察から導きだした。不安の中にある家族へのいたわりから、今、自分にできることを銀河さんは理解し、このような目標となった。

Q3 下肢のケアについて、具体的にケアの記入が必要か。

A3 リ・アセス2 「健康状態」の「Q1」で主治医から指導助言を受け、どのようなケアを誰が行っているかを記入。2表には「下肢のケア」とし、処置内容は個別援助計画に記入

第 2 表			

利用者名　　　　　　銀河　陽子　　　　　　殿

生活全般の解決すべき課題（ニーズ）	目　標		
	長期目標	期間
せめて最期まで長女家族に迷惑をかけずに逝きたい。	不安の中にある家族に辛い思いをさせないよう、母として祖母として凜とした姿勢をみせる。　**Q1**	H31/4/1〜R1/6/30

※1　「保険給付対象か否かの区分」について、保険給付対象内サービ〔ス〕
※2　「該当サービス提供を行う事業所」について記入する。

Q4 「※1」の訪問診療・訪問看護に「○」印がないのはなぜか。

A4 「○」印は介護保険利用のサービスを表す。悪性腫瘍の終末期では「訪問看護」は医療保険が優先される。

居宅サービス計画書（2）

作成年月日　平成31年　4月　18日

ケアプラン2表①

短期目標	期間	サービス内容	※1	サービス種別	※2	頻度	期間
長女夫婦・孫が不□時も身体の痛み□息切れが減って□に身体を動かせ□。 **Q2**	H31/4/18 ～ R1/5/31	医師による診察及び薬剤処方、療養上の指導助言		訪問診療	Xクリニック	毎週	H31/4/18 ～ R1/5/31
		処方薬の配達と薬剤管理、麻薬の指導助言	○	訪問薬局 居宅療養管理指導（薬剤師）	G薬局	月2回	H31/4/18 ～ R1/5/31
		服薬の管理と助言体調変化や健康状態の観察と確認		長女・訪問看護	訪問看護ステーションC	週5回	H31/4/18 ～ R1/5/31
		Q3 下肢のケアと家族への指導、週末対応への助言		長女・訪問看護	訪問看護ステーションC	週5回	H31/4/18 ～ R1/5/31
		清拭		長女・訪問看護	訪問看護ステーションC	随時	H31/4/18 ～ R1/5/31
		作業療法士による楽なポジショニング・呼吸法の指導		本人・長女・訪問看護	訪問看護ステーションC	週2回	H31/4/18 ～ R1/5/31
		調理		長女		毎日	H31/4/18 ～ R1/5/31
		食事摂取状況把握や助言		長女 訪問看護	訪問看護ステーションC	毎日 週5回	H31/4/18 ～ R1/5/31

Q4 援助内容

□については ○印 を付す。

＊前頁の課題・長期目標と同様だが、参考に掲載

Q1 「身体の状態が変わっても落ち着いていられる」としたのはなぜか。

A1 ケアプランは利用者・家族とつくるもの、銀河さんの場合、利用者と介護支援専門員は「お互いに伴走者」として余命が短く病状が悪化の一途をたどることを承知しながら苦しみを共有している。こうした深い信頼関係の中で「病状の悪化」について具体的に表すことはもはや不要と判断した。

Q2 福祉用具利用の記入の考え方にはルールがあるのか。

A2 本書での福祉用具の記入は、「リ・アセスメント支援シート」に基づく。銀河さんの場合、サービス内容には利用者の状態にあった適切な用具として、「ベット及び付属品・床ずれ予防用具」を考え、その先それが提供できるサービス種別として、「福祉用具貸与」を記入。ただし、各保険者からの指示でサービス内容以外の記入を求められた場合はその指示に従うものとする。

Q3 「家族が仕事を続けられる。」としたのはなぜか。

A3 関連統合した「家族・知人等の介護力」「健康状態」から導きだした。「同居」を認めてくれた長女の夫・孫に感謝し、働き者で弱音を吐かない長女に、「母」としての役割を貫きながも、労りやねぎらいの言葉も欠かさない。今自分が長女家族にできることとして、このような目標となった。

| 第 2 表 | | | |

| 利用者名 | | 銀河　陽子 | 殿 | |

生活全般の解決すべき課題（ニーズ）	目　　標		
	長期目標	期間
せめて最期まで長女家族に迷惑をかけずに逝きたい。＊	不安の中にある家族につらい思いをさせないよう、母として祖母として凜とした姿勢をみせる。＊	H31/4/1 ～ R1/6/30

※1 「保険給付対象か否かの区分」について、保険給付対象内サービ〔ス〕
※2 「該当サービス提供を行う事業所」について記入する。

Q4 訪問介護が行っている支援はどのような内容か。

A4 様子観察や下肢リンパ液漏出による汚れに伴う更衣の介助、歩行時の見守り。清拭の支援は、痛みの程度により服薬調整が必要な場合もあるため訪問看護師が行う。

Q5 サービス内容に「家族に『いってらっしゃい』と『おかえり』の声かけ」を記入したのはなぜか。

A5 人は誰かの役に立ち、役割があることで意欲が保たれる。最期まで本人が担える役割があることで「日々の生きる希〔望〕

居宅サービス計画書 (2)

短期目標	期間	援助内容					
		サービス内容	※1	サービス種別	※2	頻度	期間
身体の状態が変わっても落ち着いていられる。 **Q1**	H31/4/18 ~ R1/5/31	状態に合ったベッド及び付属品 **Q2**	○	福祉用具貸与・特殊寝台及び付属品	K福祉用具事業所		H31/4/18 ~ R1/5/31
		床ずれ予防用具の提供	○	福祉用具貸与・床ずれ予防用具	K福祉用具事業所		H31/4/18 ~ R1/5/31
家族が仕事を続けられる。 **Q3**	H31/4/18 ~ R1/5/31	家族不在時の様子観察	○	訪問介護 **Q4**	E訪問介護事業所	週2回	H31/4/18 ~ R1/5/31
		24時間いつでも医師や看護師等と連絡・相談ができる。		本人 長女夫婦・孫		随時	H31/4/18 ~ R1/5/31
			○	居宅療養管理指導	G薬局	月2回	
			○	訪問介護 **Q4**	E訪問介護事業所	週2回	
			○	居宅介護支援	A居宅介護支援事業所	随時	
	Q5	家族に「いってらっしゃい」と「おかえり」の声かけ		本人		毎日	H31/4/18 ~ R1/5/31
		更衣の介助	○	訪問介護 **Q4**	E訪問介護事業所	週2回	H31/4/18 ~ R1/5/31

については ○印 を付す。

望」となる。身体的な苦痛を伴わなければ「本人の力」を使うことは本人にとって大事な支援。銀河さんの根底にある「家族に迷惑かけない。」という思いや母や祖母として「凛とした姿を貫く。」ために必要な役割であると判断

Q1 長期目標をこのようにしたのはなぜか。

A1 リ・アセス1「コミュニケーション」リ・アセス2「健康状態」リ・アセス4「社会交流」を関連付け、統合先を「健康状態」にした。銀河さんは家族と同じように「友人・同僚」も大切な存在として交流を続けてきた。急な転居から最期の時を迎えるにあたり、「しっかり別れの挨拶」ができていないことが心残り。長女もそのことを理解。銀河さんの願いを叶えることで「母が望む暮らし」につながると判断。銀河さんの生き方にチームもしっかり向き合うということから、長期目標を「思い残すことなく家族や友人たちと語らい（略）」とした。「短期目標」は銀河さんの思いを伝えることとし、「サービス内容」で主治医・訪問看護には服薬の調整の検討から「体調の良い時間帯の把握」を依頼

Q2 「最期まで人としての自尊心を守り通すことができる。」にしたのはなぜか。

A2 「トイレだけは這ってでも自分で行きたい。」は本人の価値観であり、確固たる信念に基づいている。人としての自尊心を持って暮らすことが当たり前と考えている銀河さんに寄り添い支えたい。

Q3 「本人・家族・友人・同僚・専門職などによる気持ちのつながったケアチームの結成」としたのはなぜか。

A3 ひとつ前のサービス内容である「じっくり話を聴く。」のサービス種別をケアチーム全員とした。銀河さんはチームメ

第　2　表				

利用者名　　　　　　　銀河　陽子　　　　　　　殿

生活全般の解決すべき課題(ニーズ)	目標			
	長期目標	期間	短期目標	期間
長女夫婦や孫・友人や同僚にきちんと別れの挨拶をしておきたい。	思いを残すことなく家族や友人たちと語らい、安らいだ気持ちでその時を迎えることができる。 **Q1**	H31/4/18 ～ R1/6/30	自分の思いや感謝の気持ちを伝える。	H31/4/1 ～ R1/5/31
トイレだけは這ってでも自分で行きたい。	最期まで人としての自尊心を守り通すことができる。 **Q2**	H31/4/18 ～ R1/6/30	トイレまで転ばずに往復し、一人で用を足すことができる。	H31/4/1 ～ R1/5/31
			自分で起き上がり立ち上がり動作ができる。	H31/4/1 ～ R1/5/31

※1　「保険給付対象か否かの区分」について、保険給付対象内サービン
※2　「該当サービス提供を行う事業所」について記入する。

ンバー全員に対して「あなた方に逢えてよかった。看てもらえてよかった。私はここで頑張れる。」という思いを持っている。ケアチーム全体がこのことを受けとめ本人としっかり向きあうことに意義を感じ、介護支援専門員として「強固なケアチーム」をつくることが必要と判断

サービス内容	※1	サービス種別	※2	頻度	期間
本調の良い時間帯を友人・同僚へ伝える。		本人・長女		随時	H31/4/18 ～ R1/5/31
本調の良い状態で話せるように服薬の調整と介助		訪問診療	X クリニック	毎週	H31/4/18 ～ R1/5/31
		訪問看護	訪問看護ステーション C	週 5 回	
		訪問薬局	G 薬局	月 2 回	
	○	居宅療養管理指導			
	○	訪問介護	E 訪問介護事業所	週 2 回	
じっくり話を聴く。		ケアチーム全員		随時	H31/4/18 ～ R1/5/31
本人・家族・友人・同僚・専門職などによる気持ちのつながったケアチームの結成 	○	居宅介護支援	A 居宅介護支援事業所	随時	H31/4/18 ～ R1/5/31
足元を見ながらゆっくり歩く。		本人		毎日	H31/4/18 ～ R1/5/31
導尿		本人		毎朝	H31/4/18 ～ R1/5/31
トイレ移動時の見守り	○	訪問介護	E 訪問介護事業所	週 2 回	H31/4/18 ～ R1/5/31
歩行状況の観察と見守り・環境調整		家族		毎日	H31/4/18 ～ R1/5/31
		訪問看護	訪問看護ステーション C	週 5 回	
	○	訪問介護	E 訪問介護事業所	週 2 回	
起居動作の評価と助言		訪問看護	訪問看護ステーション C	週 2 回	H31/4/18 ～ R1/5/31
起居動作の補助	○	福祉用具貸与・特殊寝台及び付属品	K 福祉用具事業所		H31/4/18 ～ R1/5/31

については ○印 を付す。

87

第3章　事例2　居宅　ケアプラン第3表

❶　週間体制に土日の家族介護の状況を記入。銀河さんは午後の訪問看護が済むと長女が帰宅するまで、端座位で好きな推理小説などを読みながら過ごす。「おばあちゃんただいま」と言って帰宅する孫と言葉を交わすことも楽しみの一つになっている。

❷　銀河さんは、サービス事業者が訪問する時間を見計い、玄関を開錠。「私ができることはこのくらいしかない。」と。退室時も玄関先で見送ることを習慣にし、いつも「交通事故には気を付けてよ。」とチームのみんなに声かけをしている。

❸　銀河さんの「主な日常生活上の活動」での自己導尿やトイレの利用時間では、長女家族の迷惑にならないように気を遣っている。

第3章　事例2

第 3 表

利用者名　　　銀河　陽子　　　殿

		月	火	水
深夜	4:00			
早朝	6:00			
午前	8:00			
	10:00			
		訪問診療	訪問介護	
	12:00			
午後	14:00	訪問看護	訪問看護	訪問看護
	16:00			
	18:00			
夜間	20:00			
	22:00			
	0:00			
深夜	2:00			
	4:00			

週単位以外のサービス	X クリニック：訪問診療毎週（医療保険）　訪問看護ステー
	G 訪問薬局居宅療養管理指導月2回　福祉用具貸与：特殊

週間サービス計画表

作成年月日　　平成 31 年　 4 月　 18 日

木	金	土	日	主な日常生活上の活動
				❶　❷　❸
				起床
				トイレ　歩行　自己導尿
				＊長女出勤
				朝食
訪問介護		長女清拭	長女清拭	※日中は端座位で読書
		下肢ケア	下肢ケア	臥床しない
訪問看護	訪問看護			トイレ　歩行
				＊長女帰宅
				夕食
		長女下肢ケア	長女下肢ケア	
				トイレ　歩行
				就寝

ションＣ（医療保険・看護師週５日・作業療法士週２回）

寝台及び特殊寝台付属品　床ずれ予防用具　計３品目

事例3　施設　ケース概要

広井　うみ　　94歳　　女性
要介護4
糖尿病、骨粗鬆症、アルツハイマー型認知症、左上腕骨近位端骨折

広井さんは、長男夫婦と同居していましたが、アルツハイマー型認知症の発症と共に徘徊が始まると、70代の長男夫婦は体力もなく広井さんを追いかけることに疲れ果ててしまい、94歳で特別養護老人ホームに入居することになりました。元来、働き者で、人に好かれる広井さんは、ホームでも周囲から声をかけられる人柄です。「簡単な会話しかできない。」「食事に対する意欲が低下する。」など認知症の症状は進行しています。家族は、それを心配し、できるだけ面会に来ようと努力しています。また、面会の際に、広井さんがこれまでできていたことができなくなる様子を見て、「いずれ自分たちのことが分からなくなるのかも」と不安を募らせています。これは入所してから2か月目で、まだ施設に慣れていない時期の施設の事例です。介護支援専門員が広井さんの人柄や家族にとってどのような存在なのかを理解していく中で、この施設でのケアプランの方針を立てていきます。

次頁以降に掲載している各シートの解説・Q&A の文中において、
基本情報シート1枚目・2枚目は、基本情報1, 基本情報2と表す。
リ・アセスメント支援シート1〜4枚目は、リ・アセス1 リ・アセス2 リ・アセス3 リ・アセス4と表す。
ケアプラン第1表、第2表、第4表は、1表 2表 4表と表す。ただし、第2表は2枚に渡るため、①②を付している。

第3章　事例3　施設　基本情報シート①

❶ 施設入所のため、独居に〇を付した。

❷ 広井さんの場合は、家族の存在がこれからの施設での生活に大きく影響を及ぼすと考えられるため、家族状況（ジェノグラム）の特記事項に訪問頻度等を記入

❸ 施設の場合、居室だけでなく、生活空間の一部となる共有スペースについても記入

❹ 施設入所の際、すでに重度であったり、認知症の進行により、本人から聴取できる内容は少ないこともある。しかし、これまでの生き方の延長に施設での生活がある。本人、家族や居宅の介護支援専門員から情報を得て、広井さんについての理解を深める。

❺ 趣味や好きなことは、広井さんの生き方やこだわりを知るために必要であるため、聞きとって記入した。今はしていないが、何が好きだったか、どんなこだわりがあったかなどを把握することが広井さんの自立した日常生活の実現を支援するために必要な、ヒントになる。

ふりがな	ひろい　うみ			
利用者氏名	広井　うみ	相談者氏名	広井岩男・砂子	続柄
		前回アセスメント状況	実施年月日	平成

生年月日	明・㋐・昭　14年1月20日　94歳　性別　男

現住所	〒　　　〇〇区 〇〇特別養護老人ホーム

家族情報・緊急連絡先	介護者	緊急の連絡先	氏名	続柄	同居・別居	
		〇	広井　岩男	長男	同・㋐	〇〇区〇〇町
			広井　砂子	長男妻	同・㋐	〇〇区〇〇町
			空野　葵	長女	同・㋐	海外居住
					同・別	
					同・別	

住居の状況	住居	戸建（平屋・2階建以上）・アパート・マンション・公営住宅（
	エレベーター　無・㋐（　　　　　　　　）所有形態　持ち家	

❸ 〈住宅間取図〉

廊下
エレベーター

テーブル

キッチン

TV

戸棚

引き戸　←居室入口

窓

ベッド

トイレ

ユニット型

Q₁ 「情報収集源」が「なし」となってるが、なぜか。

A₁ 例えば、共有スペースにはテレビがあるが、その内容をもとに他の入所者と話すなどの情報の活用はしていないため。外の世界に興味を持つことは大切なので、広井さんが関心を持つことを探して情報を集め、活動につなげていくような働きかけをしていきたい。

基本情報シート

作成日	平成31年2月1日
作成者	埼玉　春子

人・(家族)・他（　　　）	受付日	平成 31 年 12 月　1 日	受付対応者	埼玉　春子	受付方法	(来所)・電話・他（　　）
0年12月1日	理由	初回　更新　状態の変化　退院　退所(他)（入居後2か月）		実施場所	自宅・病院・(施設)・他（　　）	

女)	被保険者番号	3	3	3	3	3	3	3	3	3	3	要介護状態区分	要介護4

	自宅TEL	
	携帯TEL	
	FAX	
	E-mail	

住所	連絡先
	03-○○○○-○○○○
	同上
	――――

家族状況（ジェノグラム）❶

世帯	(独居)・高齢者のみ・他（　　　人暮らし）

（ジェノグラム図：94 ― ■ ― ●、75・76・72 ほか）

❷ 特記事項
長男夫婦は、施設と同じ区に在住。週1～2回訪問
長女は年に1回帰国時のみ訪問

）階・(他)（ ユニット型特養 ）

貸家	トイレ	和式・(洋式)・(ウオシュレット)

住居に対する特記事項

浴室は、隣のユニットとの間
にある。

改修の必要性	（(無)・ 有 ）

生活状況

生活歴 ❹

5人兄弟の長女として生まれる。父は教師。勤めていた小さな製造会社の社長と結婚。夫には病死した先妻との間に12歳と8歳の子どもがいた。会社では、住み込みの従業員の食事の世話を行う。長男は後に従業員の女性と結婚し父親の後を継いだ。長女は結婚して海外に居住し、時折日本に帰国する生活を続けている。おおらかな性格の広井さんは、今でも子どもや従業員に慕われ、家族の中心的な存在。夫は、約8年の在宅介護の後、14年前に亡くなった。その後、会社の規模はさらに小さくなったが、長男夫妻が継いだ会社を手伝ったり、家事を助けたり、地域では町会役員をしたりと、元気に暮らしていた。4年前から認知症の症状が現れ始める。徘徊が続くと、70代となった長男夫妻は、広井さんを追いかけることに疲れ果て、特別養護老人ホームに入所することとなり、2か月が経った。

❺ 趣味・好きなこと

本を読むことが好きだったが、今は興味を失ってしまい、全く読んでいない。
人と話したり、世話すること、歌を歌うのが大好きである。
好きな食べ物(ウナギ、寿司)、地域の行事(花見、盆踊り、祭りなど)

情報収集源・情報活用状況

なし　**Q1**

第3章　事例3　施設　基本情報シート②

❶　広井さんの病歴と治療、服薬状況を知り、療養や生活に配慮するために必要な情報を記入。「基本情報シート」で明らかにすることで、「リ・アセスメント支援シート」中の「健康状態」などの項目でさらに詳しく知る必要がある内容を発見することができる。

❷　「利用しているサービス欄」は、介護保険サービスに限らず、ボランティアや地域活動により提供されていることもあれば記入

❸　「利用者の要望」「家族の要望」はこれからの広井さんの生活に大きく影響するため重要。それぞれから聞き取り、施設での生活をどのように捉えているかを把握して記入
広井さんが施設入所についてどう思っているか、介護支援専門員がしっかり向き合って聞き取ることが大事と考える。施設に入所することは人生の大きな決断であり、本人の思いを聞いた結果、消極的な意思表示であった。感情を抑えているのかもしれない。施設でも、広井さんらしく楽しみのある幸せな生活ができるような支援につなげていく。

ふりがな	ひろい　うみ					
利用者氏名	広井　うみ					

利用者の被保険者情報

介護保険	申請中	支援1	支援2	介護1	介護2	介護3	介…
医療保険	(後期高齢)	国保	社保	共済	他（		
公費医療等	(無)　有（				）		
障害等	(無)　身障（　種　級）　精神（　級）　療育						
	難病（　　　　）　障害等名（						
生活保護	(無)　有（　　　　）　担当者名						
経済状況	(国民年金)　厚生年金　障害年金　遺族年金　他（						
収入額・支出額	収入（　　円/年）　7万円/月　支出（約14…						
金銭管理者	本人　(家族)（不足分は預貯金からの支出）他（						

病歴

発症時期	病名	医療機関・医師名（主治医
75歳頃〜	糖尿病Ⅱ型	施設の医師（内科）
80歳頃〜	骨粗鬆症	施設の医師（内科）
90歳〜	アルツハイマー型認知症	施設の医師（精神科）
94歳	左上腕骨近位端骨折	▲▲整形外科

❶ 特記事項
左上腕骨近位端骨折は入所前
糖尿病は、家にいる頃に一度低血糖発作を起こしたことがある。
ダオニール内服1.25mg1日2回、ボナロン週1回、アリセプト5m…

利用しているサービス

サービス種別	頻度	事業者・ボランティア団体等	担当者
ボランティア ❷	1（月）週	昭和の歌を歌う会	××
	/月・週		
	/月・週		
	/月・週		
	/月・週		
	/月・週		
	/月・週		

基本情報シート

作成日	平成31年2月1日
作成者	埼玉　春子

介護5	認定日	平成31年2月5日	有効期限	平成31年3月1日　　～　　令和2年2月29日

認定情報	支給限度額等	30806単位
	審査会の意見	なし

		自立	J1	J2	A1	A2	B1	B2	C1	C2
障害高齢者の日常生活自立度	主治医意見書	自立	J1	J2	A1	A2	B1	（B2）	C1	C2
	認定調査票	自立	J1	J2	A1	A2	（B1）	B2	C1	C2

		自立	Ⅰ	Ⅱa	Ⅱb	Ⅲa	Ⅲb	Ⅳ	M	
認知症高齢者の日常生活自立度	主治医意見書	自立	Ⅰ	Ⅱa	Ⅱb	（Ⅲa）	Ⅲb	Ⅳ	M	
	認定調査票	自立	Ⅰ	Ⅱa	（Ⅱb）	Ⅲa	Ⅲb	Ⅳ	M	

見作成者に○）・連絡先	経過	受診状況		治療内容
TEL	（治療）・経観・他	定期受診	月に2回	服薬あり
TEL	（治療）・経観・他	定期受診	月に2回	服薬あり
TEL	（治療）・経観・他	定期受診	月に1回	服薬あり
TEL 03-○○○○-○○○○	治療・（経観）・他	保存療法	月に2回	服薬なし
TEL	治療・経観・他			
TEL	治療・経観・他			
TEL	治療・経観・他			

日1回

連絡先

-○○○○-○○○○

主訴 ❸	相談内容	しょっちゅう外に出てしまい歩き回るので、目が離せなくなり、私たち長男夫婦は体質的に虚弱なこともあり、疲れ果ててしまいました。しかも入居一か月前には転んで骨折してしまいました。本当は家で面倒をみてあげたいけど、ちょうど入所順番がきたので、入所しました。施設の方にはご迷惑ですが、落ち着いていますので引き続きよろしくお願いします。（長男夫婦）
	利用者の要望	お頼みしますよ。よろしくね。
	家族の要望	いままで一生懸命働いてくれたから、ゆっくりして欲しいけれど、生来、世話好きなので、皆さんの世話をしたがるかもしれません。ご迷惑をおかけすると思いますが、よろしくお願いします。（長男夫婦）

❶　2か月前の自宅では、外に出て歩き回っていたが、施設では外に出たいと言うこともなく落ち着いた。そのため、「認知と行動」の「行動障害：徘徊」に〇を付さない。一方、施設という新しい環境で、隣の部屋に入ってしまうなどの見当識障害は出現したため、「精神症状：見当識」に〇を付した。

❷　広井さんは、視力も聴力も特に問題がない。日常会話もできるが自分から意思を伝えようとしない。自分から話すことが少なくなっている。「今後意図的に会話を続けないと双方向の会話ができなくなる。」との精神科医や言語聴覚士の意見がある。介護支援専門員は「意識して会話を促す」「専門職による働きかけを行う」必要があると判断。もともと人と話すことが好きな利用者の意向とも一致している。

Q1 行動障害の異食行為に〇印がないのはなぜか。

A1　「軟膏をなめた」ことがあったが、広井さんは食べ物とそうでないものを普段は区別できる。家族も介護支援専門員も他の専門職も施設側の不注意が事故を誘発する可能性に着目し、これを防ぐために特記した。このことは家族の意向にも沿っている。施設で起こり得る事故やその回避策を検討し、リスクが考えられる場合はケアプランで取り上げようと考えた。

Q2　「利用者意向」が「なし」で、「失」に〇を付すのはなぜか。

A2　広井さんは、もちろん「変なものは食べたくない」と

いう「意向」があるはずだが認知機能障害その他の理由で表明できていないと考え「失」とした。

Q3　「家族にはできるだけ面会に来て欲しい。」をニーズにしたのはなぜか。

A3　家族も高齢となり、体力がないため、訪問の頻度はそう多くはない。しかし、家族に会うと広井さんが喜ぶので、「できるだけ面会に来たいと望んでいる」と考えた。介護支援専門員はもとより、施設全体でこの家族のいい関係性が続くよう支援し続ける必要があると判断

利用者名	広井　うみ			リ・アセス

状態

<table>
<tr><td rowspan="7">コミュニケーション</td><td>視力</td><td colspan="1">(問題無)</td><td>はっきり
見えない</td><td>殆ど
見えない</td><td></td></tr>
<tr><td>眼鏡</td><td>(無)</td><td>有</td><td></td><td></td></tr>
<tr><td>聴力</td><td>(問題無)</td><td>はっきり
聞こえない</td><td>殆ど
聞こえない</td><td></td></tr>
<tr><td>補聴器</td><td>(無)</td><td>有</td><td></td><td></td></tr>
<tr><td>言語</td><td>(問題無)</td><td>問題有</td><td></td><td></td></tr>
<tr><td>意思伝達</td><td>できる</td><td>(時々
できる)</td><td>困難</td><td>普通に会話できるが、自分から意思を伝えるわけではない。</td></tr>
<tr><td>維持・改善の要素、利点</td><td colspan="4">話しかけると、気持ちのよい返事が返ってくるため、回りの人が話かけることが多い。「あんたきれいだね。」「おいしいよ、ありがたいね。」「（面会に）来てくれるとうれしいよ。」「あんたが言うならそうするよ。」「お風呂気持ちいいよ。」「ありがとね。」などの会話はしている。</td></tr>
<tr><td rowspan="8">認知と行動</td><td>認知障害</td><td>自立</td><td>軽度</td><td>(中度)　重度</td><td>「食べる、食べない」などのごく簡単なことは決めることができる。</td></tr>
<tr><td>意思決定</td><td>できる</td><td>特別な場合以外はできる</td><td>(困難)</td><td></td></tr>
<tr><td>指示反応</td><td>通じる</td><td>(時々
通じる)</td><td>通じない</td><td>簡単な声かけは通じるが、すべて分かっているわけではないようなので、必要に応じスタッフが声かけしている。</td></tr>
<tr><td>情緒・情動</td><td>(問題無)</td><td>抑うつ　不安</td><td>興奮</td><td>激しい症状はない。　　　Q1</td></tr>
<tr><td rowspan="2">行動障害</td><td colspan="4">(無)　暴言　暴行　徘徊　多動　｜昼夜逆転　不潔行為　介護抵抗　夜間不穏　異食行為｜きれいなケースに入った軟膏をなめていたことがある</td></tr>
<tr><td colspan="4">自宅では外に出て歩き回っていたが、施設では落ち着いている。　❶</td></tr>
<tr><td rowspan="2">精神症状</td><td colspan="4">無　妄想　幻覚　せん妄　(見当識)　無関心　｜日にち、曜日、時間、場所の認はないようにみえる。</td></tr>
<tr><td colspan="4">隣の部屋に入ってしまったり、他人のベッドで寝ていたりする。</td></tr>
<tr><td>維持・改善の要素、利点</td><td colspan="4">短期間で共同生活に適応し、他の入所者への拒否がない。</td></tr>
<tr><td rowspan="4">家族・知人等の介護力</td><td>介護提供</td><td>常時可</td><td>日中のみ可　夜間のみ可</td><td>(不定期)　無</td><td>直接介護はできないが、面会が割と思っている。</td></tr>
<tr><td>介護者の健康</td><td>健康</td><td>(高齢)</td><td>病身　他</td><td>本人のペースに合わせて一緒に歩くのはんどい。</td></tr>
<tr><td>介護者の負担感</td><td>無</td><td>(有)</td><td></td><td>長男夫妻は面会に来ることを役割と思っているが体力的にやっとである。</td></tr>
<tr><td>維持・改善の要素、利点</td><td colspan="4">面会に来て、おやつなどの差し入れを一緒に食べながら、世話をしたり、ひ孫のことを伝えてくれる家族がいる。面会に来てれるかつての従業員がいる。家族の記念日や法事などに連れしてくれる孫がいる。</td></tr>
</table>

第3章　事例3

…メント支援シート

作成日	平成31年2月1日
作成者	埼玉　春子

問題（困りごと）	意向・意見・判断		生活全般の解決すべき課題（ニーズ）			優先順位
			整理前	関連	整理後	
なし	利用者意向	みんながいることや話かけてくれることがうれしいよ。	❷	①④⑨	⑨に統合	2
		意向の度合　高　⑪中⑪　低　失　意向の表明　阻				
人の世話が大好きなので、余計なことをして介護職員に嫌われたら困る。（長男夫婦）	家族意向	皆さんと上手くやって欲しい。（長男夫婦）	①みんなと仲良く話した。			
		意向の度合　高　⑪中⑪　低　失　意向の表明　阻				
	医師・専門職等意見	会話する能力を維持するよう、できるだけ意識的な会話をする必要がある。（精神科医、言語聴覚士）				
	CM判断	もともと人との交流が上手な人ではあるが、単純な会話しかしないと、双方向の会話ができなくなるおそれがあるため、施設職員や家族が意識して会話を促す必要がある。作業療法や言語訓練の場で専門的な働きかけを行う必要がある。				
	CMの利用者・家族の意向への働きかけ	⑪実施中⑪　検討中　未検討　不要　　対応難度　困難				
なし	利用者意向	なし　　　Ｑ₂	②変なものを食べないで欲しい。認知症がこれ以上進まないで欲しい。（長男夫婦）	②③	③に統合	
		意向の度合　高　中　低　⑪失⑪　意欲の表明　阻				
隣の人の部屋に勝手に入ってしまったり、軟膏を食べてしまったり、区別がつかなくて困る。認知症が進んで自分たちのことが分からなくなったら困る（長男夫婦）	家族意向	変なものを食べないで欲しい。認知症がこれ以上進まないで欲しい。（長男夫婦）				
		意向の度合　⑪高⑪　中　低　失　意向の表明　阻				
	医師・専門職等意見	認知症の進行により、見当識障害や異食等が起こらないように、周囲が安全に配慮する必要がある。（精神科医）口に入れると危険なものは、手の届くところに置かないようにする必要がある。（介護職員）				
	CM判断	口に入れると危険なものは、手の届くところにおかないようにする必要がある。				
	CMの利用者・家族の意向への働きかけ	⑪実施中⑪検討中　未検討　不要　　対応難度　困難				
なし	利用者意向	今度いつ来るの。また来て欲しいよ。	Ｑ₃　③家族にはできるだけ面会に来て欲しい。　Ｑ₄	②③	家族にはできるだけ面会に来て欲しい。	1
		意向の度合　⑪高⑪　中　低　失　意欲の表明　阻				
自分たちは、母が父の介護をしていた年なのに、虚弱なため疲れてしまい同じことができなくて申し訳ない。毎日は来られないので困る。（長男夫婦）	家族意向	母が寂しくないように、できるだけ面会に来たい。（長男夫婦）				
		意向の度合　⑪高⑪　中　低　失　意向の表明　阻				
	医師・専門職等意見	家族面会時に本人の最近の様子や、面会への感謝の気持ちを伝える必要がある。（介護職員）				
	CM判断	この親子のいい関係が続くよう、長男夫婦へ過度な要求はせず、できる範囲の関わりでよいことを伝える必要がある。度々面会に来てくれることに職員全員で感謝の気持ちや最近の状況を伝える必要がある。				
	CMの利用者・家族の意向への働きかけ	⑪実施中⑪検討中　未検討　不要　　対応難度　困難				

し、本人の意向である「面会に来て欲しい」を整理前ニーズとした。

Ｑ₄ 整理前ニーズ②と③を「関連あり」とした根拠は何か。

Ａ₄ 家族は「自分たちのこと分からなくなったら困るから、認知症が進まないで欲しい。」と言っている。また「自分たちが介護できずに申し訳ない。毎日来られなくて困る。寂しい思いをさせている。」とも言っている。
さらに広井さんが家族のことを心配し、顔を見ると安心したように喜ぶ姿を見ていて、これらのニーズが、互いへの気遣いを大切にする関係から出てきたものだと考え、広井さんの率直な言葉の方へ統合

❶　糖尿病薬と骨粗鬆症薬は施設配置の内科医が処方。また、認知症に関する薬は精神科医が処方

❷　広井さんは、「問題」も「意向」も表明していない。認知機能の障害のためと考え、「意向の度合」は「失」とした。ただし、健康や転倒予防への家族の意向は理解できるし、広井さん自身も異存はないものと考え、家族の意向を整理前ニーズとした。なお、医師の指示による糖尿病管理や「CM判断」による転倒予防、認知機能のモニタリングについては、ケアプラン第2表に盛り込み、支援を必要とする内容として把握

❸　広井さんは自分から体調不良を訴えられないため、介護支援専門員は注意すべき点を丁寧に洗い出して、チームメンバーに伝える必要があると考えた。

❹　リ・アセス3 「ADL」で医師からは「楽しく食事し体力をつけるよう」指示がある。一方、糖尿病の管理も併せて行う必要があるため⑥「好きなものを楽しんで食べて欲しい。（長男夫婦）」と関連があると判断
また、管理栄養士からも様々な食事の工夫が提案されている。好きなものを食べることはQOLを高めるために重要で、広井さんも喜ぶ。しかし、広井さんからの表明はないので、当面は⑤に統合

利用者名	広井　うみ	リ・アセス

		状　態					
健康状態	主疾病(症状痛み等)	糖尿病、骨粗鬆症、アルツハイマー型認知症、左上腕骨近位端骨折　入所直後に低血糖症状を起こしたことあり					
	薬	無	有	ダオニール、ボナロン、アリセプト ❶			
	口腔衛生	良好	不良	1日3回職員が口腔ケア			
	義歯の有無等	無	部分	全部	歯科往診による調整		
	食事摂取	問題無	咀嚼問題有	嚥下障害有			
	食事量	普通	多い	少ない	3回／日　毎回6割程度		
	食事摂取形態	経口摂取	経管摂取	（　　kcal／日・　　回／日・　　）			
Q1	食事形態(主食)	常	かゆ	重湯	ペースト状	他	
	食事形態(副食)	常	きざみ	とろみ	ペースト状	他	
	飲水	普通	多い	少ない	医師指示量 1000 ml／日	飲水量　800 ml／日	
	栄養状態	良	普	不良	ややせ型。自分から飲水しない。		
	身長・体重	155 cm		43 kg			
	麻痺・拘縮	無	麻痺有	拘縮有	左上腕骨近位端骨折後、可動域制限あり		
	じょく瘡・皮膚の問題	無	有	治療中			
	入浴	2回／週・月					
	排泄（便）	2日1回	便秘無	便秘有			
	排泄（尿）	昼：5　回・夜：1回					
	睡眠時間帯	20 (22) 24 2 4 (6) 8 10 12 14 16 18 20 ←→ 眠気が起きるまでワーカー室やリビングで見守り、タイミングをみてベッドへお連れする。					
	維持・改善の要素、利点	糖尿病発症以降、長年医師の指示を守り、食事・運動・服薬管理をしっかり続けてきた。					

Q1 糖尿病食の提供をしないのはなぜか。

A1　高齢であり、食事量も減ってきているため、医師・管理栄養士は施設の食事をしっかり食べることの方が重要と判断

第3章　事例3

98

メント支援シート

作成日	平成31年2月1日
作成者	埼玉　春子

問題（困りごと）	意向・意見・判断		生活全般の解決すべき課題（ニーズ）			優先順位
			整理前 ❷	関連	整理後	
なし	利用者意向	なし				
	意向の度合 高・中・低・(失)　意向の表明　阻					
高齢で骨粗鬆症なので、また転んだら困る。（長男夫婦）	家族意向	医師の指示を守り、何とか健康でいて欲しい。そもそもよく動く人なのでまた転んで骨折しないで欲しい。（長男夫婦）	④転ばないで欲しい（長男夫婦）	①④⑨	⑨に統合	2
	意向の度合 (高)・中・低・失　意向の表明　阻					
	医師・専門職等意見	低血糖には十分に気をつける必要がある。（内科医）				
	❸ CM判断	糖尿病悪化を防ぐため、引き続き食事・運動・服薬管理を継続する必要がある。転倒骨折を防ぐため機能訓練を行う必要がある。認知症状についてよく観察を続け、随時必要に応じて医師に報告する。	⑤医師の指示を守り健康でいて欲しい。（長男夫婦）❹	⑤⑥	医師の指示を守り健康でいて欲しい。（長男夫婦）	4
	CMの利用者・家族の意向への働きかけ　(実施中)・検討中・未検討・不要　対応難度　困難					

99

❶　広井さんからの意向表明はないが、家族の「大好きなものを忘れたりしないで、食べて欲しい。」「なるべく人の世話にならないようトイレは自分でして欲しい。」という意向は理解できるし、広井さんにも異存はないと考える。広井さんを思いやる家族の心情も尊重し、この2つを整理前ニーズとした。

❷　家政や家事の能力は人生の大半を費やして身に付けてきたため、その能力を発揮する場面があれば続けられる可能性が高いが、施設では、発揮する場面が少ない。できるのか、できるのに広井さんに代ってしていないか、できないのか、一つ一つ確認した。広井さんは、ほぼ全介助だが、自分の居室のゴミをまとめることができる。これは維持したい。2表「サービス内容」に計画したいと考える。

❸　広井さんが「他の入所者等が洗濯物を畳んでいると、たまに手伝ったり、ありがとうとお礼を言ったりできる。」ことについて、「維持・改善の要素、利点」に記した。また、家族が施設での何もしない生活を心配していること、精神科医が残存能力の活用について提案していることを総合的に勘案した判断

❹　整理前ニーズ⑦と⑧は⑧「本人ができることは自分でさせて欲しい。」の内容に統合できると判断

利用者名	広井　うみ	リ・アセス

状　態

ADL	食事	自立	(見守り)	一部介助	全介助	手が止まってしまったときは声をかけて促す。
	食事場所	(食堂)	ベッド脇	ベッド上	他（　　　　　　　　）	
	排泄（排便）	自立	見守り	(一部介助)	全介助	トイレまでの移動も含め かけや介助を行っている
	排泄（排尿）	自立	見守り	(一部介助)	全介助	
	排泄（日中）	(トイレ)	PT	尿器	パット (リハビリパンツ) オムツ 留カテ	
	排泄（夜間）	(トイレ)	PT	尿器	パット (リハビリパンツ) オムツ 留カテ	
	排泄（失禁）	無 (有)	タイミングを見計らって声かけ・介助しないと失禁となる			
	入浴	自立	(一部介助)	全介助	骨折後のため、一部介助	
	更衣・整容	自立	(一部介助)	全介助	骨折後のため一部介助	
	寝返り	(自立)	一部介助	全介助		
	起上がり	(自立)	一部介助	全介助		
	座位	(自立)	一部介助	全介助		
	立位	(自立)	一部介助	全介助		
	移乗	(自立)	一部介助	全介助		
	歩行	(自立)	一部介助	全介助		
	使用機器	杖　歩行器　車椅子　ベッド　その他				
	維持・改善の要素、利点	骨折しているが、身体の動きはよいので、自由に動くことができる。				
IADL	買物	自立	一部介助	(全介助)	家族	
	金銭管理	自立	一部介助	(全介助)	家族	
	献立	自立	一部介助	(全介助)	栄養士	
	ゴミ出し	自立	(一部介助)	全介助	介護職員　居室内のゴミをまとめることはできる。	
	調理と片付け	自立	一部介助	(全介助)	介護職員	
	掃除・洗濯	自立	(一部介助)	全介助	職員等　洗濯物はたまに自分で畳む。	
	火気管理	自立	一部介助	全介助	施設管理のため該当なし	
	外出	自立	(一部介助)	全介助	屋外は手引き歩行	
	服薬状況 Q1	自立	一部介助	(全介助)	看護師、介護職員が介助	
	住環境	(問題無)	問題有	歩いたり動いたりするには適当な広さである。所在を確認することが必要		
	維持・改善の要素、利点	他の入所者等が洗濯物を畳んでいると、たまに手伝ったり、ありがとうとお礼を言ったりできる。				

Q1　「IADL：服薬状況」に担当者を書くのはなぜか。

A1　例えば、看護師が錠剤を渡して、飲込むところまで確認している、など施設のケアチームでの役割分担を明らかにすることで、2表「担当者」を確認するのに役立つ。

Q2　トイレについて、「ケアに気を配る」としたのはなぜか。

A2　家族はトイレを使うことのできる今の状態を保ちたい。トイレのことだけは他人の手を借りたくないと、本人が長年思ってきたことを知ってい

メント支援シート

	作成日	平成31年2月1日
	作成者	埼玉　春子

問題（困りごと）	意向・意見・判断		生活全般の解決すべき課題（ニーズ） 整理前	関連	整理後	優先順位
なし	利用者意向	なし				
	意向の度合　高　中　低　(失)　意向の表明　阻					
大好きな食べ物を忘れたり、食べることが分からなくなったり、変な食べ物を食べたりしたら困る。自分でトイレに行かれなくなって、人のお世話になるのは困る。（長男夫婦）	家族意向	大好きなお寿司やウナギを食べて欲しい。変なものは食べないで欲しい。トイレはなるべく自分でして欲しい。（長男夫婦）	⑥好きなものを楽しんで食べて欲しい。（長男夫婦） ❶ ⑦トイレはなるべく自分でして欲しい（長男夫婦）	⑤⑥ ⑦⑧	⑤に統合 ⑧に統合	3
	意向の度合　(高)　中　低　失　意向の表明　阻					
	医師・専門職等意見	楽しく食事し体力を付ける必要がある。（内科医）食事は見た目や香り、雰囲気などの工夫をして、食に対する関心を高める必要がある。（管理栄養士）				
	CM判断	食事を楽しんでしっかり食べられるよう支援する必要がある。できる限りトイレで排泄できるようケアに気を配る必要がある。Q2				
	CMの利用者・家族の意向への働きかけ　(実施中)　検討中　未検討　不要　対応難度　困難					
なし	利用者意向	なし				
	意向の度合　高　中　低　(失)　意向の表明　阻					
何でも施設でやっていただいているので、何もしない人になったら困る。（長男夫婦）	家族意向	本人ができることは、なるべく本人がするように仕向けて欲しい。（長男夫婦）	⑧本人ができることは自分でさせて欲しい。（長男夫婦） ❹	⑦⑧	本人ができることは自分でさせて欲しい。（長男夫婦）	3
	意向の度合　高　(中)　低　失　意向の表明　阻					
	医師・専門職等意見	作業療法士の関わりにより「できることリスト」を作るなどして掃除、洗濯、食器の片付けなどの残存能力をなるべく活かしていく必要がある。（精神科医）				
❸	CM判断	自分の暮らしのことで、できることは可能な限り自分でし続け、他の人の役に立つことを喜ぶ感覚を持ち続ける必要がある。				
	CMの利用者・家族の意向への働きかけ　(実施中)　検討中　未検討　不要　対応難度　困難					

る。一方、施設は、必要に応じていつでも介助できる体制を整え、例えば転倒したりすることを防ぐ必要があると考えた。なお、こうした介助内容については、「ケアプラン第2表」に明記し、家族にも説明を行う。

101

❶　施設では、入所を境に、近所の人や、友人・知人との交流がなくなり、地域の活動にも参加しなくなりがちだが、広井さんの場合も地域活動との関わりがなくなってしまった。広井さんの日常生活が施設内だけの限られたものとならないよう 基本情報1 「生活歴」で聞きとったことも参考にして、町の行事への参加の必要性を明らかにした。

❷　整理前ニーズ①「みんなと仲良く話したい。」、④「転ばないで欲しい。」と関連があると考えたが、「みんなと仲良く」するためには「町に出」る必要があり、町に出るためには「転ばない」必要があると判断

Q1 基本情報2 「利用しているサービス」で、「昭和の歌を歌う会」に参加との記述があるが、社会参加は「無」としたのはなぜか。

A1　「昭和の歌を歌う会」は施設内でボランティアが提供する入所者のみの活動で社会参加とは言えない。広井さんはかつて町内会で活躍していた。こうした施設外の人とのつながりがあれば社会参加は「有」

Q2　「利用者意向」を「町に出かけてワクワクしたい。」としたのはなぜか。

A2　「基本情報シート」の「生活歴」「趣味・好きなこと」等を家族に尋ねた際に、介護支援専門員は、広井さんが盆踊りでそろいの浴衣を着て踊ったり、祭囃子が聞こえるとそわそわしていたことを聞いた。また家族が、「施設に入所すると祭

りと縁がなくなってしまう」と考えていることも知る。広井さんが入所した施設では、地区の祭りに参加し、車いすの入所者も盆踊りの輪に加わる。そのことを伝える必要があると考え、広井さんに話したところ、うれしそうに「ワクワクするね。」と話してくれた。このため、

「利用者意向」を「町に出かけてワクワクしたい。」とした。

利用者名	広井　うみ	リ・アセス

状　態				
①社会交流	社会参加 Q1	無	有	
	対人交流	無	有	長男夫妻・孫・元従業員のなど面会がある。施設の歌の会に参加している。
	維持・改善の要素、利点			今でも従業員に慕われている。 近隣の保育園児や幼稚園児の来訪時、積極的に子どもに声をかけて楽しむことができる。 施設に閉じこもらず、地域の盆踊りやお祭りなどに出かけて楽しもうとする意欲がある。
特別な状況	維持・改善の要素、利点			

意向と判断が一致しなかったため、ニーズにならなかっ

メント支援シート

作成日	平成31年2月1日	
作成者	埼玉　春子	

問題（困りごと）	意向・意見・判断		生活全般の解決すべき課題(ニーズ)			優先順位
			整理前	関連	整理後	
利用者 盆踊り、お祭りに行けなくて困る。	利用者 意向	町に出かけてワクワクしたい。**Q2**	⑨町に出かけてワクワクしたい。	①④⑨ ❷	町に出かけてワクワクしたい。	2
		意向の度合 (高) 中 低 失 意向の表明 阻				
家族 町の世話役だったのに、それができず寂しい思いをしていると思うと悲しくて困る。(長男夫婦)	家族 意向	施設の中に閉じこもらずに町に出て楽しんで欲しい。（長男夫婦）				
		意向の度合 (高) 中 低 失 意向の表明 阻				
	医師・専門職等意見	なし				
	CM 判断	町の行事に参加などして地域生活を楽しむ必要がある。				
	CMの利用者・家族の意向への働きかけ	(実施中) 検討中 未検討 不要 対応難度 困難				
利用者	利用者 意向					
		意向の度合 高 中 低 失 意向の表明 阻				
家族	家族 意向					
		意向の度合 高 中 低 失 意向の表明 阻				
	医師・専門職等意見					
	CM 判断					
	CMの利用者・家族の意向への働きかけ	実施中 検討中 未検討 不要 対応難度 困難				

理由	「リ・アセスメント支援シート」を作成して気がついたこと
	血縁ではないけれど、長年一緒に暮らしてきた家族との関わりを、最も求めていることを改めて知ることができた。 施設のルーチン化した介護環境では、できないことがたくさんあるが、本人の思いをくみ取り、本人を大切にするための工夫をしなければならないと思った。 他の面会の少ない入所者の気持ちも大事にしていきたいと考えることができた。

第3章 事例3 施設 ケアプラン第1表

❶ ケアプランは、この施設でどういう生活をするか（したいか）を施設の介護支援専門員や関係者と共に本人を中心に考え計画するマスタープラン（全体的な計画）

❷ 利用者及び家族が施設を利用して、どのような生活をしたいと考えているのか記入することが重要

❸ 介護支援専門員の解釈や翻訳ではなく、利用者及び家族の言葉が可能な限りそのまま記入が望ましい。

❹ 家族は、「健康で楽しく暮らして欲しい」施設には、「糖尿病」の管理、「認知症」の対応を引き続き頼みたいという意向がある。

❺ 「生活全般の解決すべき課題（ニーズ）」の解決の先にある暮らし（長期目標）を実現するために、利用者及び家族を含むケアチームが行う援助の方針を記入

❻ 利用者及び家族が積極的に方針に取り組めるよう、分かりやすい内容になっていることが重要

❼ 2表「生活全般の解決すべき課題（ニーズ）」「長期目標」を確認。また、「総合的な援助の方針」は、サービス担当者会議で話し合って記入されるべきものなので「ケアプラン第4表」を確認

第1表

利用者名	広井 うみ 殿	生年月日

施設サービス計画作成者氏名及び職種 埼玉 春子 （介

施設サービス計画作成介護保険施設名及び所在地 ○○特別

施設サービス計画作成（変更）日 平成31 年 2 月 15 日

認定日 平成31 年 2 月 5 日 認定の有効期間

要介護状態区分	要介護1 ・ 要介護2 ・ 要介護3
利用者及び家族の生活に対する意向	本人：お祭り大好きだから、出かけたいよ 長男夫婦：皆さんにご迷惑をおかけしながら もともと糖尿病を抱えていますし 暮らして欲しいです。私たちも面
介護認定審査会の意見及びサービスの種類の指定	なし
総合的な援助の方針 ❺❻❼	糖尿病の管理、転倒予防をしながら、ご家 ご家族と広井さんのよい関係が続くよう きます。 緊急連絡先 広井 岩男 （自宅）

施設サービス計画の説明を受け、同意しました。

Q1 施設ケアプランとしては違和感がある。このように記入したのはなぜか。

A1 施設ケアプランとしてふさわしい。施設も地域の中にあり、入所した人も地域社会の普通の構成員と考える。施設に入所しても生活が施設内で完結

し、地域社会と切り離されることがないことを目指している。広井さんがお祭りや盆踊りが好きで「町に出かけると思うと、ワクワクする」ことは、「リ・アセスメント支援シート」を用いて問いかけることにより、本人の言葉として語られたことなので、本人・家族、介護職員な

施設サービス計画書（1） ❶

作成年月日　平成31年　2月　15日

初回 ・ 紹介 ・ (継続)　　(認定済)　申請中

大正14 年 1 月 20 日　　住所　○○区

（支援専門員）

養護老人ホーム

初回施設サービス計画作成日　平成30 年 12 月 1 日

平成31 年 3 月 1 日 ～ 令和2 年 2 月 29 日

・ (要介護4) ・ 要介護5

（ハイライト部分）
も、本人はけろっとしているのが救いです。
認知症もどんどん進んでいるので心配ですが、施設で皆さんに慕われて仲良く楽しく
会に来るのが楽しみになりました。

妻はじめ他の入所者の方々とお話ししたり、外出したり、楽しんで暮らせるよう支援します。
ご一緒の時間を大切にし、さまざまな専門職が広井さんによいことを考えて提案させていただ

3-0000-0000

　　　　　　　　　　　　　　　　　　　　　　　　　年　　　月　　　日

説明者　　　　　　　氏名（代理の場合は関係）　　　　　　　　　　印

どケアチーム全体の意向にもな
っている。なお、年に数回のイ
ベントのみでなく、日々の生活
への具体的な意向が示されるよ
うに今後も取り組んでいく。

第3章　事例3　施設　ケアプラン第2表①

❶　第1のニーズ「家族には（略）」は、リ・アセス1「認知と行動」「家族・知人等の介護力」の「整理後のニーズ」を転記

もともと仲のよい家族だが、家と施設は距離が離れており、家族は体力がなく毎日、広井さんを訪ねることはできない。また認知症の進行により、自分たちのことが分からなくなったり、異食などが起こらないように、家族はいつも心配している。広井さんはもともと家族のために働いてきた方で、家族の関係は強固

この家族の関係を保ち続けることが、一番のニーズとなった。

❷　第2のニーズ「町に出かけて(略)」は、リ・アセス1「コミュニケーション」、リ・アセス2「健康状態」、リ・アセス4「社会交流」の「整理後のニーズ」から転記。広井さんは現状では他の人と気持ちよく会話できるが、認知症の進行により会話がなくなり、単純な会話だけになる傾向が専門職から意見として挙げられている。一方、施設に入る前の地域での活動や、好きなお祭りへの参加などは活動の可能性を示している。このニーズを立てたことにより、施設の外に出る・人と触れ合う・意識的に会話することをケアプランに盛り込むことができた。

❸　本人は言葉にできないが、「家族と楽しくおしゃべりをする、当たり前の時間を続ける」ことをきっと望んでいるだろうと、家族と共に考えて設定

❹　広井さんを含むこの家族にとって「当たり前の時間を続ける」という長期目標の実現に向けたプロセスとして、設定

❺　短期目標を達成するために、必要なサービス内容を具体的に設定

第 2 表

利用者名　　　　広井　うみ　　　　　殿

生活全般の解決すべき課題（ニーズ）	❸ 長期目標	目（期間）
家族にはできるだけ面会に来て欲しい。 ❶	家族と楽しくおしゃべりする、当たり前の時間を続ける。	H31.3.1 -R2.2.29
町に出かけてワクワクしたい。 ❷	若い時からなじんだ町並みや暮らし、人付き合いを楽しみながら暮らす。	H31.3.1 -R2.2.29

施設サービス計画書（2）

作成年月日　平成 31 年　2 月　15 日

標 ④		援 助 内 容			
短期目標	（期間）	⑤ サービス内容	担当者 Q1	頻度	期間
面会の時間を大切にし、家族の絆が細くならないようになる。	H31.3.1 -R1.8.31	長男夫婦の面会	長男夫婦	週2回	H31.3.1 -R2.2.29
		孫の面会	孫	月1～2回	
		元従業員の面会	元従業員	時々	
		好きなものの差し入れ（ウナギや寿司）	長男夫婦	時々	
		孫や町内の写真を届ける	長男夫婦	時々	
		季節に合わせたお気に入りの服を届ける	長男夫婦	時々	
		家族だけの時間と場の確保	介護支援専門員	面会の都度	
		家族にイベントの様子や作品を話したり見せたりする	本人	面会の都度	
		日常の様子の報告	介護職	時々	
買い物・散歩・花見・敬老会・盆踊り・墓参りなどに出かけることができる。	H31.3.1 -R1.8.31	外出用の服を選ぶ	本人・家族・介護職	外出時	H31.3.1 -R2.2.29
		外出用の身支度を整える	家族・介護職	外出時	
		屋外手引き歩行	介護職	外出時	
		外出時車いす介助	家族	外出時	
		地元の敬老会に誘う	町会婦人部	その都度	
		福引など町の行事に誘う	介護支援専門員	その都度	
		花見など季節行事に誘う	家族・町会婦人部	その都度	
仲良く会話することができる。		意識的に会話する	介護職・ボランティア・学生	毎日	
		言語訓練に参加する	言語聴覚士・本人	週1回	

Q1 「担当者」に家族や元従業員を入れたのはなぜか。

A1 家族や元従業員も広井さんの望む生活を実現するために必要で、積極的に参加しようとしているため

❶ リ・アセス3 「ADL」「IADL」の「整理後のニーズ」を転記。広井さんが持っている残存機能や維持・改善の要素を見落とすことなくアセスメントし、ケアプランに反映することで、この施設でその人らしく、自立した生活をすることができる。

❷ リ・アセス2 「健康状態」、リ・アセス3 「ADL」の「整理後のニーズ」を転記
長年の糖尿病の治療の経緯、今回の骨折や認知症の状況など、健康管理上の留意点が多々あることや、食べることに意欲を失いつつあること、転倒・骨折のリスクは家族・施設職員ともに配慮すべき点。健康管理は専門職がチームで担い、広井さんの健康状態の維持を目指す。

❸ 短期目標「できることを減らさない。」を達成するために、必要なサービス内容を具体的に設定

第3章　事例3

第 2 表

利用者名　　　広井　うみ　　　殿

生活全般の解決すべき課題（ニーズ）	目	
	長期目標	（期間）
本人ができることは自分でさせて欲しい。（長男夫婦） ❶	家族に頼られながら、みんなの心配をして役に立つことができる。	H31.3.1-R2.2.29
		- - - - - - - - - -
医師の指示を守り健康でいて欲しい。（長男夫婦） ❷	ここ（施設）でみんなから声をかけられ、慕われながら、仲良く暮らす。	H31.3.1-R2.2.29

108

施設サービス計画書（2）

作成年月日　平成31年　2月　15日

ケアプラン2表②

標			援　助　内　容			
短期目標	（期間）		サービス内容	担当者	頻度	期間
できることを減ら…ない。❸	H31.3.1 -R1.8.31		できることリストの作成	本人・介護職	3月	H31.3.1 -R2.2.29
			機能評価	作業療法士	月1回	
			居室内のゴミ集め	本人	毎日	
			洗濯物畳み	本人	毎日	
			食事摂取	本人	毎日	
			食事の際の声かけ（手が止まった時）	介護職	毎日	
			入浴での衣服着脱・整容	介護職	火曜・金曜	
…泄リズムに合わ…てトイレに行け…。			タイミングを見計った声かけ・トイレへの移動介助	本人・介護職	毎日	
			トイレでの衣服着脱・介助	本人・介護職	毎日	
糖尿病が悪くなら…いようにする。	H31.3.1 -R1.8.31		糖尿病の管理・検査・治療	内科医	月2回	H31.3.1 -R2.2.29
			服薬介助	看護師・介護	毎日	
			栄養ケアマネジメント	管理栄養士	毎日・月1回	
			しっかり食べる。	本人	毎日	
			食事に見た目や香り、雰囲気などの工夫をする。	管理栄養士・介護職	毎日	
認知症が進まない…う刺激のある生…を送る。	H31.3.1 -R1.8.31		認知症状の観察	介護職・看護師	毎日	
				精神科医	月1回	
…ばないようにす…。	H31.3.1 -R1.8.31		転倒予防の評価・訓練	理学療法士	土曜	
			転倒予防の環境整備・見守り	介護職	毎日	
			施設内外の適度な歩行	本人	毎日	

第3章　事例3　施設　ケアプラン第4表

① 日常の業務として、施設の他の利用者と共通して実施するサービスとその担当者を記入

② 「ケアプラン第2表」で挙げたサービス、サポートは介護サービス、インフォーマルサポートにかかわらず記入することにした。

③ 介護サービス以外の広井さんや家族が行うケアや支援についても記入し、生活全体の流れが分かる内容にした。

第3章　事例3

第 4 表

利用者名　　広井　うみ　　殿

		共通サービス ①	担当者
深夜	4：00	巡回	
早朝	6：00	洗面、着替え介助	介護職
		朝食・服薬・口腔ケア	介護職
	8：00		
午前	10：00	お茶の時間	介護職
	12：00	入浴（火・金）	介護職
		昼食・口腔ケア	介護職
午後	14：00	医師の回診（内科、精神科）隔週（水）	看護師
		お茶の時間	介護職
	16：00		
	18：00	夕食・服薬・口腔ケア	介護職
夜間	20：00		
	22：00	就寝	介護職
深夜	24：00	巡回	介護職
	2：00	巡回	介護職
	4：00	巡回	介護職
随時実施するサービス		昭和の歌を歌おう会 施設の行事への参加 Q1	
その他のサービス		健康診断（レントゲン含む）年１回、歯科検診年１回	

(注) 「週間サービス計画表」との選定による使用可。

Q1 「施設の行事への参加」とは何か。

A1 施設には、季節行事などが年間を通じて計画されており、広井さんにも声をかけて参加してもらうため、随時実施するサービスとして記入

日課計画表

作成年月日　　平成31年　2月　15日

個別サービス ❷	担当者	主な日常生活上の活動	共通サービスの例
			食事介助
～イレ介助	介護職		朝食
～着替えながら一緒に歌う	介護職		昼食
		朝食	夕食
～イレ介助	介護職	朝食後は館内自由に散歩	入浴介助（　　曜日）
		水分補給	清拭介助
～語聴覚士と会話練習（月）	言語聴覚士	入浴、言語訓練	洗面介助
～イレ介助	介護職		口腔清潔介助
～々　ご家族と外食 ❸	ご家族	昼食、口腔ケア	整容介助
～業療法士による作業療法（木）	作業療法士	昼食後は行事参加やおしゃべり	更衣介助
～学療法士と屋外歩行練習（土）	理学療法士		排泄介助
～イレ介助	介護職		水分補給介助
			体位交換
～イレ介助	介護職	夕食	
～ビングで他の方と歓談			
～ーカー室でおしゃべり			
～イレ介助	介護職	就寝	
～児・園児の訪問			
～域の行事への参加			

事例4　予防　ケース概要

万葉　和絵　　78 歳　　女性
要支援 1
高血圧、骨粗鬆症、腰痛症

　　万葉さんは Y 県にて夫と共に洋装店を 40 年間経営し、写真を趣味とする夫と、ドライ
ブに行くことが趣味でした。万葉さんは運転が得意で、どこへでも車を走らせ、夫との休
日の外出が何よりの楽しみでした。
　　夫の他界で独居生活に不安を感じ、都内に住む長女宅近くの公営住宅に転居し 1 年が経
過します。長女夫婦は同居する夫の両親の世話も行いながら 2 週間に 1 回訪問していま
す。長女は、母親が身体を鍛えたり、親しい人を作ったりして独居生活を続けられるよう
支援をして欲しいと考えています。万葉さんは「長女の近くの、この家が安心。この家で
生活していきたい」と話します。一方、「Y 県で夫と楽しく暮らしていた時が忘れられな
い。今は幼なじみの T さん（Y 県在住）との電話が一番の楽しみ」とも話しています。
　　今の生活は、様々な事情の上に微妙なバランスをとっています。万葉さんは、気丈に
「もう夫はいないので、一人で頑張りたい。人に頼ると頼った分だけ自分のできることが
減ると思う。これからも自分でできることを減らさないようにするには、どうすればよい
か」と考えています。
　　介護支援専門員は新しい生活に自信が持てない万葉さんのペースに合わせ、丁寧に対応
していきたいと思っています。また、長女は就労しており、夫の両親を支えながら万葉さ
んの介護に携わっています。長女が仕事と介護の両立ができるよう、親子が互いを思い合
い、程よい距離感を維持していけるよう支援していく必要があると考えています。

　　（注）この事例のケアプランは、「介護予防ケアマネジメント東京都推奨様式（ケアプラ
ン A 表～D 表）」にて作成した。「利用者基本情報」「介護予防支援アセスメント用情報収
集シート」「基本チェックリスト」は、参考（138 頁から 142 頁）に掲載

次頁以降に掲載している各シートの解説・Q&A の文中において、
基本情報シート 1 枚目・2 枚目は、基本情報1, 基本情報2と表す。
リ・アセスメント支援シート 1～4 枚目は、リ・アセス1 リ・アセス2 リ・アセス3 リ・アセス4と表す。
ケアプラン A 表～D 表は、A表 B表 C表 D表と表す。ただし、B 表と C 表は 2 枚に渡るため、①～②を付
している。

Q1 長女の家庭の実情を聞いたのはなぜか。

A1 長女が、万葉さんにどのような接し方ができるかを理解する必要があるため。長女の夫の両親は要介護認定を受けていない。具体的には通院支援等の世話をしている。長女は就労しており、2週間に1回の訪問がやっとの状況。万葉さんの介護について リ・アセス1 「家族・知人等の介護力」で詳しく聞く。

Q2 現在は行っていない洋裁について、聞いているのはなぜか。

A2 過去の趣味や好きなことについては、それが今もできればよいと考えるし、「できるが、していない」ことがあれば、できるようになる方法を、共に検討したい。万葉さんの楽しみのある生活を実現する一つの材料になる。なお、この場合でも「今したいこと」とは異なることもあるため、押しつけにならないよう十分話し合うことが必要と考える。

Q3 万葉さんが夫との時間を大切にしていたことを記入しているのはなぜか。

A3 万葉さんは夫との死別後、新しい土地に転居し、地域になじめるよう努力している。生活上のこだわりをまだ明らかにすることができていないため、何を大切にしてきたかを記入

ふりがな	まんよう　かずえ				
利用者氏名	万葉　和絵				
		相談者氏名	小野　沙絵	続柄	
		前回アセスメント状況 実施年月日			年

生年月日	昭和17年1月○日		78歳	性別	男

現住所	〒○○○-○○○○　東京都●区○○2丁目2番2号202号

家族情報・緊急連絡先	介護者	緊急の連絡先	氏名	続柄	同居・別居	
		○	小野　沙絵	長女	同・別	東京都●区○○3丁
					同・別	
					同・別	
					同・別	
					同・別	

住居	戸建（平屋・2階建以上）・アパート・マンション・公営住宅
エレベーター	無・有（　　　　　　　　） 所有形態 持ち家

（住宅間取図）

住居の状況

テレビ／棚／冷／台所／ベランダ／棚／玄関／和室／トイレ／洗面／風呂

Q4 「『人（他人）からの話』を聞く」を情報収集源としたのははなぜか。人の話という情報をどのように活用しているか。

A4 万葉さんは、近所の「活き活き活動プラザ」に週1回程度、通所中。通所先の利用者はこの地域に長く暮している人たちで、近所の店を話題にすることも多い。万葉さんは聞いたことを人に話したり、会話から得た情報をもとに自分の好きなものを売っている店に出かけたりしている。慣れない土地に転居してきたため、通所先の利用者と話すこと、好きな食べ物を売

基本情報シート

作成日	令和元年　6月　3日
作成者	梅花　宴

本人・(家族)・他（　　）	受付日	令和元年　6月　1日	受付対応者	梅花　宴	受付方法	来所・(電話)・他（　　）

月　　日	理由	(初回) 更新	状態の変化 退院 退所 他（　　）	実施場所	(自宅)・病院・施設・他（　　）

(女)	被保険者番号	I I I I I I I I I I I	要介護状態区分	要支援 I

	自宅TEL	03-○○○○-○○○○
	携帯TEL	
	FAX	
	E-mail	

住所	連絡先
目3番3号	03-○○○○-○○○○

家族状況（ジェノグラム）

世帯　(独居)・高齢者のみ・他（　　人暮らし）

```
      (78)━━━━━■
  (76)─〔80〕      │
 〔55〕─(50)   ■───(45)
                │
              ○   ○
```

Q1 特記事項　長女は夫の両親と同居し、世話をしているため、本人の介護に2週間に1回訪問するのがやっとである（長女宅は自転車で15分）。

）階・他（　　　　　）

(貸家)	(トイレ)	和式・(洋式)・ウオシュレット

住居に対する特記事項

コンビニエンスストアーと銀行までは300メートル。日用品を購入するSスーパーまでは500メートル。屋外移動はシルバーカーを使用
トイレ・浴室・階段への手すり設置済

改修の必要性	（(無)・　有　）

生活状況 Q3

生活歴

Y県に生まれ、結婚。6歳年上の夫は金銭管理や家事等、積極的に万葉さんを支えた。万葉さんは腰痛で、夫と暮らしていた時は、かがんで行うトイレや浴室の掃除は夫が担当。「何でも相談し夫に支えられた人生、夫と二人三脚の日々だった。」と度々周囲に話している。
夫の稼業の洋装店を40年間共に営む。万葉さんは運転が得意で、写真が趣味の夫と行く休日のドライブが何よりの楽しみだった。平成29年夫が他界。万葉さんは夫に多くを頼ってきたので一人の生活に大きな不安を感じ、長女宅近くの公営住宅の2階に転居し1年が経過。方言を気にして、地域の人と会話をしないが、娘が暮らす地域に一日も早くなじもうと努力している。長女は、知人もいない新しい土地での生活に母が慣れることができるか心配している。
長女が介護保険を申請し、要支援Iと認定

趣味・好きなこと Q2

結婚後、洋装店を手伝うことになり、洋裁学校に通い、洋服の繕い、ボタン付け等とても上手にできていたが、老眼が進み現在は行っていない。テレビでお笑い番組を見るのが楽しみ

情報収集源・情報活用状況

テレビ **Q4**
人（他人）からの話（聞いた話で好きな食べ物を買いに行く。）

っている店を聞き、買いに行くことは万葉さんが、外の世界に関心を持ち、積極的な地域生活をするために重要であると考えた。

Q1 長年住み慣れた実家から呼び寄せたのはなぜか。

A1 長女は夫を亡くし一人暮らしになった母を心配し、近くに住むことがお互いに安心と考え、呼び寄せた。

Q2 様々な話の中で「幼なじみのTさんへの電話を続けている。」ことに注目したのはなぜか。

A2 方言で話せるTさんとは会話を楽しめるが、地域の方とはまだ会話を楽しめていないため。

ふりがな	まんよう　かずえ				
利用者氏名	万葉　和絵				

利用者の被保険者情報	介護保険	申請中	(支援1)	支援2	介護1	介護2	介護3
	医療保険	(後期高齢)	国保	社保	共済	他（	）
	公費医療等	(無)	有（				）
	障害等	(無)	身障（　種　級）		精神（　　級）	療育	
		難病（　　　　）		障害等名（			
	生活保護	(無) 有（		）	担当者名		
	経済状況	国民年金　厚生年金　障害年金　(遺族年金)　他（					
	収入額・支出額	収入　（　　　　円/年）　12万円/月　支出　（					
	金銭管理者	(本人)　家族（　　　）　他（					

病歴	発症時期	病名	医療機関・医師名（主治医）
	平成23年1月	高血圧	G病院・H医師
	平成23年1月	腰痛症	K病院・L医師
	平成23年1月	骨粗鬆症	K病院・L医師
	特記事項		

利用しているサービス	サービス種別	頻度	事業者・ボランティア団体等	担当者
	デイサービス	1/月・(週)	●●リハセンター	A
	介護予防教室	1/月・(週)	●区A活き活き活動プラザ	B
	配食サービス	3/月・(週)	●区	C
	安心電話	1/月・(週)	●区	D
	緊急通報システム	常時	●区	E
		/月・週		
		/月・週		

基本情報シート

作成日	令和元年　6月　3日
作成者	梅花　宴

		認定日	令和元年 6月 1日	有効期限	令和元年 6月 1日　～　令和2年 5月 31日

護4 | 介護5
）
度）
）
）
円／月）
）

		支給限度額等	5003 単位／月									
認定情報		審査会の意見	なし									

認定情報	障害高齢者の日常生活自立度	主治医意見書	自立	J1	(J2)	A1	A2	B1	B2	C1	C2
		認定調査票	自立	J1	(J2)	A1	A2	B1	B2	C1	C2
	認知症高齢者の日常生活自立度	主治医意見書	自立	(I)	Ⅱa	Ⅱb	Ⅲa	Ⅲb	Ⅳ	M	
		認定調査票	自立	(I)	Ⅱa	Ⅱb	Ⅲa	Ⅲb	Ⅳ	M	

意見作成者に○）・連絡先			経過	受診状況	治療内容
○	TEL	0000-0000	(治療)・経観・他	月1回	内服あり　降圧剤イルベタン、アダラート、ロコルナール
	TEL	0000-0000	(治療)・経観・他	月1回	内服あり　セレコックス、レバミピド
	TEL	0000-0000	(治療)・経観・他	月1回	内服あり　アスパラCA
	TEL		治療・経観・他		
	TEL		治療・経観・他		
	TEL		治療・経観・他		
	TEL		治療・経観・他		

連絡先		主訴	相談内容	平成29年父が他界、母が一人暮らしとなったため、自宅近くに呼び寄せた。同じ区内に住み約1年が経過するが、母は友人もできず寂しそうにしている。家族としては心配で介護保険を申請し、要支援1と認定された。エレベーターのない公営住宅2階に、単身で生活している。（長女） 母は父の他界後、まだ、父との生活を思い出す日々を送っている。自分たちは2週間に1回訪問しているが、同居する夫の両親の世話もしている状態なので、母が身体を鍛えたり、親しい人を作ったりして、独居生活を続けられるような支援をして欲しい。（長女）
000-0000			利用者の要望	長女の近くの、この家が安心なので、この家で生活していきたい。 Y県で夫と楽しく暮らしていた時が忘れられない。今は幼なじみのTさん（Y県在住）との電話が一番の楽しみです。 もう夫はいない。一人で頑張りたい。人に頼ると頼った分だけ自分のできることが減ると思う。これからも自分でできることを減らさないように、どうすればよいか一緒に考えてもらいたい。
000-0000				
000-0000			家族の要望	自分たちは同じ区内に住んでいるが、世話が必要な夫の両親と同居している。夫婦共働きで、母との同居は難しい。できるだけ現在の暮らしを、一人で続けていけるよう支援をお願いしたい。 長男は、すでに他界。長男家族は遠方に住んでいることもあり、介護に携わるのは難しい。（長女夫婦）
000-0000				
000-0000				

Q1

Q2

❶ 家族には弱音を吐かないが、家族以外の人に弱音を吐くことができることを万葉さんの強みと捉えて「維持・改善の要素、利点」に記入。「問題」と「意向」は表明されないため「なし」としたが、無理をしているのかもしれないため、不安等を解消する方策を検討することにした。

Q1 家族以外の人に、自身の不安・辛さ・寂しさなどを話すのはなぜか。

A1 呼び寄せてくれた長女に嫌な思いをさせたくない、弱音を吐きたくないという心情ではないか。その気持ちに寄り添いたい。

Q2 「『ありがとう』と感謝を伝えることができる。」ことを強みと捉えたのはなぜか。

A2 こうしたことを言えない人も多いが、万葉さんは長女夫婦に直接「ありがとう」と伝えている。万葉さんには感謝の気持ちを、きちんと言語化して伝える力があると考えた。

Q3 程よい距離感を維持していく必要があるのはなぜか。

A3 長女は就労し、同居の夫の両親の世話もあり、今以上は利用者を支援できないと感じているが、精一杯の努力をしている。長女の心身の負担が増加しないためにも、万葉さんには元気になって欲しい。万葉さんと夫の両親がいずれは要介護状態になるかもしれない。先を予測した支援を行う必要がある。

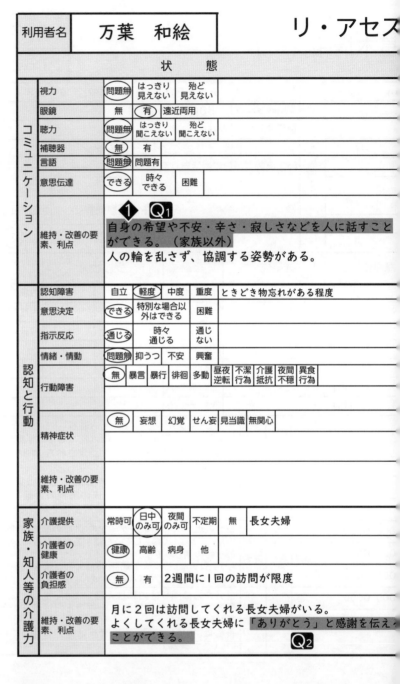

利用者名 万葉　和絵

リ・アセス

状態

コミュニケーション	視力	問題無	はっきり見えない	殆ど見えない	
	眼鏡	無	有	遠近両用	
	聴力	問題無	はっきり聞こえない	殆ど聞こえない	
	補聴器	無	有		
	言語	問題無	問題有		
	意思伝達	できる	時々できる	困難	

コミュニケーション 維持・改善の要素、利点

❶ Q1
自身の希望や不安・辛さ・寂しさなどを人に話すことができる。（家族以外）
人の輪を乱さず、協調する姿勢がある。

認知と行動	認知障害	自立	軽度	中度	重度	ときどき物忘れがある程度
	意思決定	できる	特別な場合以外はできる	困難		
	指示反応	通じる	時々通じる	通じない		
	情緒・情動	問題無	抑うつ	不安	興奮	

行動障害： 無　暴言　暴行　徘徊　多動　昼夜逆転　不潔行為　介護抵抗　夜間不穏　異食行為

精神症状： 無　妄想　幻覚　せん妄　見当識　無関心

認知と行動 維持・改善の要素、利点

家族・知人等の介護力	介護提供	常時可	日中のみ可	夜間のみ可	不定期	無	長女夫婦
	介護者の健康	健康	高齢	病身	他		
	介護者の負担感	無	有	2週間に1回の訪問が限度			

家族・知人等の介護力 維持・改善の要素、利点

月に2回は訪問してくれる長女夫婦がいる。
よくしてくれる長女夫婦に「ありがとう」と感謝を伝えることができる。　**Q2**

Q4 優先順位を決めた根拠は何か。

A4 万葉さんは慣れない土地でも、毎日ボール体操を続け体調を整えている。また、「活き活き活動プラザ」で地域の食べ物情報を聞き、この土地特有の食べ物を購入するなど、新しい土地になじもうとしている。万葉さんを気にかけてくれる長女宅近くで暮らすために、どうすべきかを優先した。そのためには、万葉さんが幼なじみのTさんとの関係を続けながら、新しい土地で友人ができることが望まれる。

メント支援シート

	作成日	令和元年6月3日
	作成者	梅花　宴

問題（困りごと）	意向・意見・判断		生活全般の解決すべき課題（ニーズ）			優先順位
			整理前	関連	整理後	

問題（困りごと）		意向・意見・判断	整理前	関連	整理後	優先順位
利用者 なし	利用者意向	なし				
		意向の度合　高　中　低　失　意向の表明　阻				
家族 なし	家族意向	なし				
		意向の度合　高　中　低　失　意向の表明　阻				
	医師・専門職等意見	なし				
	❷ CM判断	不安・辛さ・寂しさを解消する方策を検討する必要がある。				
		CMの利用者・家族の意向への働きかけ　実施中　(検討中)　未検討　不要　対応難度　困難				
利用者 なし	利用者意向	なし				
		意向の度合　高　中　低　失　意向の表明　阻				
家族 なし	家族意向	なし				
		意向の度合　高　中　低　失　意向の表明　阻				
	医師・専門職等意見	なし				
	CM判断	なし				
		CMの利用者・家族の意向への働きかけ　実施中　検討中　未検討　(不要)　対応難度　困難				
娘に負担をかけているので困る	利用者意向	自分でできることを減らさないようにしたい。	①自分でできることを減らさないようにしたい。	①⑤	自分でできることを減らさないようにしたい。	Ｉ
		意向の度合　(高)　中　低　失　意向の表明　阻				
夫の両親を世話しており、母が一人で暮らせなくなると困る。（長女）	家族意向	知らない土地に来て一人で頑張っている母を大切にしたい。				
		意向の度合　(高)　中　低　失　意向の表明　阻				
	医師・専門職等意見	なし　　　　　　　　　　Q₃				Q4
	CM判断	この親子が互いを思いやり支え合う力と、程よい距離感を維持していく必要がある。				
		CMの利用者・家族の意向への働きかけ　実施中　(検討中)　未検討　不要　対応難度　困難				

Q1 「腰が痛くて、階段の上り下りが辛い」を「問題」に記入したのはなぜか。

A1 介護支援専門員は利用者の自立した生活の実現を支援するため、その裏側にある「生活上の支障」を見つける。

「腰が痛くて階段の上り下りが辛い」というのは生活動作。このことにとどまらないで「このため何と何ができなくて、何が困る」と生活上の支障をまでを捉える。この場合、生活動作はケアプランに活かす。生活上の支障は、「意向」、「ニーズ」に活かす。

Q2 「意向」を「地域で評判になっている食べ物を買いに行きたい。」としたのはなぜか。

A2 外に出て買い物をしたいという万葉さんの意向が強かったため。

Q3 「90歳まで自分の足で歩きたい」という強い意欲を「意向」に書かないのはなぜか。

A3 万葉さんは腰に痛みはあるが、すでにボール体操を日課とするなど、取り組んでいるため。

Q4 ④を②に統合したのはなぜか

A4 万葉さんの「地域で評判になっている食べ物を買いに行きたい。」という言葉は、新しい地域になじみたいという心情の表れと判断したため。

利用者名	万葉　和絵	リ・アセス

状　態

健康状態	主疾病(症状痛み等)	高血圧、骨粗しょう症、腰痛症（活動時間が長い（1日4時間以上）と翌日腰痛がひどくなり、臥床している。）					
	薬	無	(有)	イルベタン、アダラート、ロコルナール(内科)セレコックス、レバミピド、アスパラCA(整形外科)			
	口腔衛生	良好	(不良)	歯肉炎があるため歯磨きをすると出血する。歯磨きは起床後の1日1回のみ			
	義歯の有無等	無	(部分)	全部	義歯を装着すると痛みがあり、使用していない。		
	食事摂取	(問題無)	咀嚼問題有	嚥下障害有	固いものはあまり食べないようにしているが、豚カツ、レンコン、漬物が好き		
	食事量	普通	多い	(少ない)	朝食と昼食は兼ねており2回が多い。2回／日		
	食事摂取形態	(経口摂取)	経管摂取	(800 kcal／日・2回／日・			
	食事形態(主食)	常	(かゆ)	重湯	ペースト状	他	軟らかい状態の物が食べやすく感じる。おかゆが好き
	食事形態(副食)	(常)	きざみ	とろみ	ペースト状	他	食べやすい大きさに、自分で切っている。
	飲水	普通	多い	(少ない)	医師指示量 1200 ml／日	飲水量 700 ml／	
	栄養状態	良	普	(不良)	痩せている。		
	身長・体重	160 cm		40 kg	(BMI 15.6)		
	麻痺・拘縮	(無)	麻痺有	拘縮有			
	じょく瘡・皮膚の問題	(無)	有	治療中			
	入浴	4回／(週)・月					
	排泄(便)	2日1回	(便秘無)	便秘有			
	排泄(尿)	昼：　4回・夜：　2回					
	睡眠時間帯	20　22　24　2　4　6　8　10　12　14　16　18　20					
	維持・改善の要素、利点	受診に付き添ってくれる長女がいる。祖母のように自分も90歳まで自分の足で歩きたいという強い意欲がある。　　**Q3**					

メント支援シート

作成日	令和元年6月3日
作成者	梅花　宴

問題（困りごと）**Q₁**		意向・意見・判断	生活全般の解決すべき課題（ニーズ）			優先順位
			整理前	関連	整理後	
腰が痛くて、団地の階段の上り下りが辛いため、散歩や買い物などがしづらくて困る。歯磨きをすると出血するので困っている。歯が弱くて好きな豚カツ、レンコン、漬物が食べられなくて困る。	利用者意向	**Q₂** 地域で評判になっている食べ物を買いに行きたい。 歯磨きの時に出血しないようになりたい。 固い食べ物でも味わって食べられるようになりたい。	②地域で評判になっている食べ物を買いに行きたい。	**Q₄** ② ④	地域で評判になっている食べ物を買いに行きたい。	3
		意向の度合 ⟨高⟩ 中 低 失 意向の表明 阻	③固い食べ物でも味わって食べられるようになりたい。	③	固い食べ物でも味わって食べられるようになりたい。	4
最近やせてきたと感じるので心配で困る（長女）	家族意向	しっかりと栄養のある食事をとって欲しい。（長女）				
		意向の度合 高 ⟨中⟩ 低 失 意向の表明 阻				
	医師・専門職等意見	腰痛は湿布などで経過観察中。腰痛緩和の方法として、専門的な指導の下、運動を行い、足腰の力をつける必要がある。通所リハビリの利用が望ましい。また、自宅でも体操等、体を動かすことが必要（整形外科医師・サービス担当者会議での意見） 血圧は安定しており、経過観察でよい。食欲低下がみられるため、歯科を受診する必要がある。（内科医師） 食事摂取量を確認する等、栄養状態を管理する必要がある。（デイサービス看護師）				
	CM判断	食欲が低下しており、歯科を受診する必要がある。 こまめに近隣に買い物や散歩に行くことができるよう、体力を維持する必要がある。				
	CMの利用者・家族の意向への働きかけ	⟨実施中⟩ 検討中 未検討 不要 対応難度 困難				

121

利用者名		万葉 和絵		リ・アセス

Q1 「夫と一緒の生活は本当に安心だった。」と歩行のところに記入があるのはなぜか。

A1 自宅内で転んだことがあり、その時は夫が助けてくれて事なきを得たが、今は一人暮らしである。転んだ場合など、生活上の困りごとを助けてくれる夫はおらず、不安なため。

Q2 長女の意向「(万葉さんが) 一人で暮らしているので、できないことが増えて、自信をなくし、辛い思いをさせたら困る。」という言葉を捉えたのはなぜか。

A2 夫が他界し、一人で頑張っている万葉さんを見て、できないことが増えたら自信をなくすだろうと万葉さんのことを思いやる長女の心情を切りとった。

Q3 デイサービスの職員が自宅の掃除のことまで考えたのはなぜか。

A3 デイサービスが万葉さんの生活の拠点である自宅を気にかけるのは当然。このデイサービスの職員は万葉さんと同郷だということをきっかけに会話をする際に話題となった。

状 態

ADL	食事	自立	見守り	一部介助	全介助			
	食事場所	食堂	ベッド脇	ベッド上	他( )			
	排泄 (排便)	自立	見守り	一部介助	全介助			
	排泄 (排尿)	自立	見守り	一部介助	全介助			
	排泄 (日中)	トイレ	PT	尿器	パット	リハビリパンツ	オムツ	留カテ
	排泄 (夜間)	トイレ	PT	尿器	パット	リハビリパンツ	オムツ	留カテ
	排泄 (失禁)	無	有					
	入浴	自立	一部介助	全介助				
	更衣・整容	自立	一部介助	全介助				
	寝返り	自立	一部介助	全介助				
	起上がり	自立	一部介助	全介助				
	座位	自立	一部介助	全介助				
	立位	自立	一部介助	全介助				
	移乗	自立	一部介助	全介助	**Q1**			
	歩行	自立	一部介助	全介助	夫と一緒の生活は本当に安心だった。ばないか心配。自宅内でつまづいて転だことがある。			
	使用機器	杖	歩行器	車椅子	ベッド	その他	外出時シルバーカーを使用	
	維持・改善の要素、利点	転倒しそうな場所は避けて移動することができる。毎日テレビ体操や、椅子を使った運動を行っている。運動に関する意欲が高い。介護予防教室で習ったボール体操を毎日続けている。						
IADL	買物	自立	一部介助	全介助	外出時シルバーカーを使用			
	金銭管理	自立	一部介助	全介助	自分で銀行に出向き年金を受けっている			
	献立	自立	一部介助	全介助	朝と夜は菓子パン、昼は配食が多い			
	ゴミ出し	自立	一部介助	全介助				
	調理と片付け	自立	一部介助	全介助	週に2回、焼き魚・煮物			
	掃除・洗濯	自立	一部介助	全介助	かがんで行う掃除は長女			
	火気管理	自立	一部介助	全介助				
	外出	自立	一部介助	全介助	シルバーカーを使用			
	服薬状況	自立	一部介助	全介助	長女が訪問時に薬カレンダーをチェック			
	住環境	問題無	問題有	エレベーターのない公団の2階に居住				
	維持・改善の要素、利点	支援してくれる長女夫婦がいる。「お父さんもいなくなっちゃったし、調理頑張る気力が出ないの。今まで頑張ってきたから、これからは、あんた(長女)に世話をかけちゃうね。」と笑って伝えることができる。片側3車線の道路を安全に渡りきれるタイミングが分かっている。						

メント支援シート

作成日	令和元年6月3日
作成者	梅花　宴

問題（困りごと）	意向・意見・判断		生活全般の解決すべき課題（ニーズ）			優先順位
			整理前	関連	整理後	

問題（困りごと）		意向・意見・判断	生活全般の解決すべき課題（ニーズ） 整理前	関連	整理後	優先順位
腰が悪いので転んだら困る。助けてくれる夫はもういないので、買い物や散歩ができなくなったら困る。	利用者意向	買い物や散歩を続けたい。	④買い物や散歩を続けたい。	②④	②に統合	
		意向の度合　高　(中)　低　失　意向の表明　阻				
一人で暮らしているので、できないことが増えて、自信をなくし、辛い思いをさせたら困る。（長女）Q2	家族意向	できることはきちんと続けて、自信を持ち続けてもらいたい。（長女）				
		意向の度合　高　中　(低)　失　意向の表明　阻				
	医師・専門職等意見	夫が他界したことが原因で、知らない土地に引っ越してきたため、色々なことに自信が持てないと話している。転ばないよう、理学療法士のアドバイスを得ることが必要（整形外科医）				
	CM判断	自信を持った生活を続けられるよう専門職のアドバイスを受ける必要がある。				
	CMの利用者・家族の意向への働きかけ	(実施中)　検討中　未検討　不要　対応難度　困難				
腰が痛むため、上手く風呂やトイレの掃除ができなくて困る。	利用者意向	自分でできることを減らさないようにする。	⑤自分でできることを減らさないようにする。	①⑤	①に統合	
		意向の度合　高　(中)　低　失　意向の表明　阻				
しょっちゅうトイレやお風呂の掃除を手伝えないので困る。（長女）	家族意向	母が掃除も運動になるから続けて行いたいと言っている。意欲のあるうちにトイレや浴室掃除も、自分でできるような工夫をしてみたい。（長女）				
		意向の度合　高　(中)　低　失　意向の表明　阻				
	医師・専門職等意見	「掃除は良い運動になるから」との、本人の意思を評価・活用し、使用する道具類を工夫することで、本人が掃除ができる箇所を増やす必要がある。（デイサービス職員）Q3				
	CM判断	自分で、できることを続けて行えるよう、専門職の意見を参考に、例えば掃除に関して使用する道具類についても見直しを行う必要がある。				
	CMの利用者・家族の意向への働きかけ	実施中　(検討中)　未検討　不要　対応難度　困難				

123

Q1 社会交流の社会参加が「無」で対人交流が「有」なのはなぜか。

A1 地域での交流が家族と介護サービスの範囲にとどまっているため社会参加はないが、転居前の幼なじみTさんとは電話で交流を継続しているため対人交流はあると考えた。今後増やしていく支援が必要

利用者名	万葉　和絵			リ・アセス

				状　　態
社会交流	社会参加	**無**	有	デイサービスに通っているが、まだ地域に親しい友人はできていない。
	対人交流	無	**有**	週に１回、幼なじみの友人Tさんと電話で話をしているのみ。
	維持・改善の要素、利点			夫婦で洋装店を営んでいた時代は、お店のお客さんとの交流を楽しんでいた。大人数の場所が苦手だが、周りの人の話を聞くことは得意。気遣いができる。
特別な状況				
	維持・改善の要素、利点			

Q1（対人交流欄上部に記載）

意向と判断が一致しなかったため、ニーズにならなかった

124

メント支援シート

作成日	令和元年6月3日	
作成者	梅花　宴	

問題（困りごと）	意向・意見・判断		生活全般の解決すべき課題(ニーズ)			優先順位
			整理前	関連	整理後	
身の回りに親しい友達がいないので寂しくて困る。	利用者意向	親しくできる友達を作りたい。	⑥親しくできる友達を作りたい。	⑥	親しくできる友達を作りたい。	2
		意向の度合 (高) 中 低 失　意向の表明 阻				
幼なじみのTさんと切り離してしまい、寂しい思いをさせているのが辛くて困る。（長女）	家族意向	毎日寂しくなく暮らして欲しい。（長女）				
		意向の度合 (高) 中 低 失　意向の表明 阻				
	医師・専門職等意見	なし				
	CM判断	1年前の居住地、幼なじみのTさんとの再会が必要である。近隣との仲間づくりも進めていく必要がある。長女を支え、ケアする必要がある。区内のY県県人会の情報を探し、つなぐ必要がある。				
	CMの利用者・家族の意向への働きかけ	実施中 (検討中) 未検討 不要　対応難度 困難				
	利用者意向					
		意向の度合 高 中 低 失　意向の表明 阻				
	家族意向					
		意向の度合 高 中 低 失　意向の表明 阻				
	医師・専門職等意見					
	CM判断					
	CMの利用者・家族の意向への働きかけ	実施中 検討中 未検討 不要　対応難度 困難				

理由	「リ・アセスメント支援シート」を作成して気が付いたこと

本人の強み（夫が他界したため、自分のことは自分でしようという意思、運動意欲の強さ）が言語化できた。

アセスメント項目が関連し合っていることに気が付くことができたと思う。

今できていることを、万葉さんや家族と共有した結果、今後の予測が可能になることにも気がついた。

転居先である、長女宅近くでの新しい暮らしを考える時に、万葉さんの不安と家族の意向についても、もう少しアセスメントを深めていかないといけないと感じた。

Q1 万葉さんの1日、1週間、1月の目標を、1日1回ボール体操をするとしたのはなぜか。

A1 万葉さんが楽しみながら達成したい目標を考え、日課にしているボール体操は達成できることが想像できた。万葉さんが毎日続けていくことで、達成感を得られると判断した。

A表

No. _____

介護予防

利用者名	万葉　和絵　　　　　様
認定年月日	令和元年6月1日　　　　　認定の有
計画作成者氏名	梅花　宴
計画作成事業者 事業所名及び所在地（連絡先）	〒○○○-○○○○東京都●区○○5丁目5番5号 ○地域包括支援センター
計画作成（変更）日	令和元年6月13日（　初回作成日

目標とする生活	**Q1** 1日、1週間、または1月	1日に1回はボール体操または15分の
	1　年	夫と暮らした家の、お隣に住むTさんと

総合的な方針 （生活の不活発化の改善 ・予防のポイント）	・夫との死別後約1年、独居となった寂 地域の方との交流や災害対策を含め、機 ・腰痛があるため、かがんで行う家事が 意向があります。できることを増やせる ・体重減少については食事のとり方、ロ う支援いたします。 緊急連絡先：長女　電話●●●●-●●

【地域包括支援センター記入欄】

担当地域 包括支援 センター	名称	
	意見	

初回 ・ 紹介・継続	認定済 ・ 申請中	要支援 1 ・ 要支援 2	地域支援 事　　業

ービス・支援計画表（1／3）

効期間　　　　令和元年6月1日　〜　令和2年5月31日

委託の場合：
担当地域包括支援センター

（電話 03- ●●●● - ●●●●　 ）

元年5月13日）

散歩を行い身体を動かします。

津温泉に行き、（タクシーを利用し）ドライブを楽しみたい。

しさに苦しむ日があるようです。また、長女宅近くに転居したため仲の良い友人が近くに居ません。
会をみてイベントや区の事業を案内し、一日も早く新しい環境に馴染めるよう努めます。
きなくなりました。自分でできることには前向きに取り組み、できないことを増やしたくないとの
よう、できることのリストをつくる等、ご本人と共に対応方法をチームで考えていきます。
程内の状況を含め検討します。美味しく食事をとり元気になり、Tさんに会いに行くことができるよ

●●　　　避難場所：○○小学校

	確認印

【利用者記入欄】

介護予防サービス・支援計画について、同意いたします。

　　　　　　　　　　年　　　　月　　　　日

氏名　　　　　　　　　　　　　　　印

基本チェックリスト（142頁）の「該当した項目数／質問項目数」を記入。「必要な事業プログラム」と基本チェックリストの関係は142頁参照

❷　万葉さんと長女が適度な距離感を持ち生活していることに気づく必要がある。長女は母のことを気遣っている。この親子が互いを思いやり支えあうことのできる力と、程よい距離感を維持していくことが必要

❸　現在、介護者が自身の生活を継続しながら介護できる体制づくりは、介護支援専門員の重要な役割となっている。
介護者である長女の状況を考え、長女はどこまで支援ができるか、限界を探ることも必要
万葉さんの支援を行いたいが、できることには限界があるという長女の心情をくみながら、アセスメントを実施。長女は同居の夫の両親の世話をしながら、母にも関わりたい意向であるが、仕事との両立も必要である。
万葉さんには独居生活を続けられるよう身体を鍛えたり、親しい人を作ったりして、生活して欲しいと考えている。

第3章
事例4

Q1 「地域での仲間づくりも進めていく必要がある。」と考えたのはなぜか。

A1 親しい友人はできていない。万葉さんは現居では、他者との関わりがなく、社会参加は行っていない。しかし、「長女の近くの、この家が安心なので、この家で生活していきたい。」と転居先で暮らす気持ちを固めている。万葉さんと長女

の気持ちをくみ、現居でも親しくできる友達や、出かけて楽しむ場所をつくる必要があると考えた。

Q2 自分でできることを減らさないという目標を立てたのはなぜか。

A2 万葉さんは娘との関係を保つため娘に負担をかけたくないという意向が強い。娘は家事（トイレや浴室の掃除）は万葉さんができるようにしたい、との意向
万葉さんは腰痛で、夫と暮らしていた時は、かがんで行うトイ

B表			

No. _____　　　　　　　　　　　　介護予防

利用者名　　　　　万葉　和絵　　　　　様

【健康状態について：主治医意見書、生活機能評価等を踏まえた留意

高血圧、腰痛症、骨粗鬆症

現在の状況	本人・家族の意欲・意向
運動・移動について 　伝い歩きをしている。転倒の不安がある（自宅内で転倒の履歴あり）。家の周り程度であれば歩行器を使用して移動できる。長時間の歩行は難しい（近くのコンビニまで300メートル、スーパーまで500メートル）。月に1回の受診時は長女が付き添う。	本人：自分でできることを減らさないようにしたい。 長女：知らない土地に来て一人で頑張っている母を大切にしたい。
日常生活（家庭生活）について 　自室の掃除や洗濯、買物はできる範囲で自分で行っている。トイレや浴室等のかがんで行う掃除は長女が支援している。朝と夜は菓子パン、昼は配食サービス、週に2回煮物や焼き魚を調理する。月に1回の受診時は長女が付き添っている。	本人：痛みを感じずに散歩や買物に出かけたい。

ナービス・支援計画表（2／3）

計画作成（変更）日　　令和元年6月13日

点】

【必要な事業プログラム】

運動器の機能向上	栄養改善	口腔機能の向上	閉じこもり予防	物忘れ予防	うつ予防
❶ ⟨3／5⟩	1／2	1／3	1／2	0／3	1／5

背景・原因	総合的課題❷	課題に対する目標と具体策の提案	具体策についての本人・家族の意向
■有　□無	自分でできることを続けて行えるよう、専門職の意見を参考に、例えば掃除道具類の見直しを行う必要がある。	1．自分でできることを減らさない。 **Q2** 具体策	1．本人：お父さんがいなくなって気力がなくなってしまったけれど、できること（家事）を減らさないようにしたい。
腰痛が原因で、歩行等に不安がある。	この親子の思いあいと、程よい距離感を維持していく必要がある。	本人が掃除等、自分でできることを続けて行えるよう働きかける。	長女：母の意欲が高まっているので、トイレや浴室の掃除が自分でできるような工夫をしてみたい。
■有　□無	1年前の居住地の幼なじみTさんとの再会が必要である。	2．親しくできる友達を作る。 **Q3** 具体策	
腰痛が原因で掃除などの家事は一部、長女が支援している。	**Q1** 地域での仲間づくりも進めていく必要がある。 ❸ 　長女の気持ちを察し、ケアする必要がある。 区内のY県県人会の情報を探し、つなぐ必要がある。	地域の支援（安否確認電話、緊急通報サービス等）を受け、徐々に地域での仲間づくりに取り組むことができるよう、支援する。	2．本人：親しくできる友達を作りたいという意思がある。 長女：なじみのない土地での暮らしを始め、頑張っている母を支えたい。

レや浴室の掃除は夫の担当であった。夫との死別後、夫が担当であったことも自分で行わなければ、娘の近くで暮らすことはできないと考えている。
万葉さんはできることが減ると、長女の負担を増やしてしまうと考えている。

Q3 親しくできる友達を作るという目標を立てたのはなぜか。

A3 万葉さんは、親しくできる友達を作りたいという意思がある。長女もなじみのない土地での暮らしを始め、頑張っている母を支えたいと考えているた

め、地域での仲間づくりを進めていくように提案した。

Q1 万葉さんは転居先では、人と会話ができていないのか。

A1 会話は非常に少ないが、人から聞いた話で好きな食べ物を店に買い物に行くことはできる。

現在の状況	本人・家族の意欲・意向
社会参加、対人関係・コミュニケーションについて Q1	
人から話を聞いて、好きな食べ物店に買い物に行くことができる。楽しみはテレビでお笑い番組を見ること、幼なじみのTさん(Y県在住)と週に3回、電話で会話を楽しむこと。1年前に長女宅の近くに転居したため、近隣に友人がいない。長年洋裁の仕事をしていたが、老眼が進行したため今は行っていない。長女の訪問は仕事と夫の両親の世話があるため月に2回。長女との会話は訪問時のみである。	本人：親しくできる友達を作りたい。
健康管理について	
高血圧、骨粗しょう症、腰痛症（活動時間が長いと翌日腰痛がひどくなり、臥床している）。食欲がなく体重の減少がみられる。月に2回訪問する長女が薬カレンダーをチェックしている。歯肉炎で、義歯装着時の痛みがある。	本人：固い食べ物でも味わって食べられるようになりたい。
その他の事項について	

背景・原因	総合的課題	課題に対する目標と具体策の提案	具体策についての本人・家族の意向
■有　□無 夫の死により一人暮らしの生活に不安を感じ、長女宅の近くに転居したが、隣近所との交流もなく、気の合う友人もいない生活の中で孤独を感じている。	歯科を受診する必要がある。 　こまめに近隣に買物や散歩に行くことができるよう体力を維持する必要がある。	3．痛みを感じずに散歩や買物に出かける。 具体策 　腰痛の状態を観察しながら、筋力向上訓練とウォーキング（有酸素運動）を組み合わせ、安全かつ効果的に実施できるよう支援する。	3．本人：90歳までは自分の足で歩きたいと考えている。 長女：自信を無くし辛い思いをしているので、少しでも自信が持てるようになって欲しい。
■有　□無 歯肉炎や義歯装着時の痛みがある。まだ新しい土地での生活に慣れない状態である。 □有　■無		4．固い食べ物でも味わって食べられるようになる。 具体策 　バランスの取れた食事づくりができているか確認し、口腔内の状態や食事摂取状況を把握する。食事を摂ることが楽しくなるよう支援する。	4．本人：　好きな豚カツやレンコン、漬物が食べられるようになりたい。 長女：最近やせてきたので、しっかりと栄養のある食事を摂って欲しい。

C表

No. _____　　　　　　介護予防

利用者名　　　万葉　和絵　　　　　様

目標	目標についての 支援のポイント	
1．自分でできることを減らさない。	（1）掃除も運動になるとの考えを大切に支援する。 　本人が自分でできることを続けるよう働きかける。自分でできることを続け、減らさないよう支援に努める。長女の負担も考え、支援する。	本人の取組 - - - - - - - - - 家族・地域の支援、民間サービス等 - - - - - - - - - 介護保険サービ 地域支援事業 区市町村サービ
2．親しくできる友達を作る。	（2）新しい土地で、地域の支援（区のサービス等）を受けながら、徐々に自身の仲間づくりに取り組めるよう支援する。	本人の取組 - - - - - - - - - 家族・地域の支援、民間サービス等 - - - - - - - - - 介護保険サービ 地域支援事業 区市町村サービ

サービス・支援計画表（3／3）

計画作成（変更）日　　　令和元年6月13日

支援計画					
具体的な支援の内容	※1	サービス種別	サービス提供者（事業所）	頻度	期間
掃除も運動になると考え、続けて行う。		本人	本人	適宜	令和元年6月1日～令和元年12月31日
①かがんで行う掃除は家族が担う。②トイレや浴室掃除は本人が自分でできる方法を検討する（浴室掃除には長い柄の掃除道具の購入等）。③本人が地域で、安心して暮らせるよう努める。④本人が「できること、できないことリスト」を作成する。		長女	長女	適宜	令和元年6月1日～令和元年12月31日
自分でできることを続けて行えるよう、専門職の意見を参考に、掃除道具の見直し等必要なことを検討する。		介護予防支援	○地域包括支援センター	適宜	令和元年6月1日～令和元年12月31日
①安心電話を利用し、不安や心配事を無くし生活できるようになる。②緊急通報システムを利用することで、緊急時の不安を取り除き安心して生活できるようになる。		本人	本人	適宜	令和元年6月1日～令和元年12月31日
区のサービスを利用し、新たな地域での生活に、安心感が生まれるよう支援する。		長女夫婦	長女夫婦	適宜	令和元年6月1日～令和元年12月31日
①安心電話：夫が他界し独居になったこと、転居により新たな地域での生活を開始していく寂しさを和らげる。地域包括支援センターが区・安心電話担当部署と連携し、精神面の状態を把握する。②緊急通報システム：独居の緊急時支援体制を整え、本人の不安を取り除く。③区内のY県県人会の情報を探し、つなぐ。地域の災害訓練に参加するよう促す。		●区（高齢者サービス）①安心電話②緊急通報システム地域包括支援センター③地域の災害訓練への参加勧奨	①②●区③○地域包括支援センター	①1回／週②常時③適宜	令和元年6月1日～令和元年12月31日

目標	目標についての 支援のポイント	
		本人の取組
3．地域で評判になっている食べ物を買いに行く。	（3）腰痛の状態を観察しながら、筋力向上訓練とウォーキング（有酸素運動）を組み合わせ、安全かつ効果的に実施できるよう支援する。 自宅から500メートルのSスーパーへ買い物に行けるよう計画的なプログラムを作成する。 毎日、好きな本の文章を音読しノートに3行分を転記する等脳の活性化を図る。	家族・地域の支援、民間サービス等
		介護保険サービ〔 地域支援事業 区市町村サービ〔
		本人の取組
4．固い食べ物でも味わって食べられるようになる。	（4）バランスの取れた食事づくりができているか確認する。口腔内の状態、食事摂取状況を把握する。食事を食べることが楽しくなるよう支援する。	家族・地域の支援、民間サービス等
		介護保険サービ〔 地域支援事業 区市町村サービ〔

※１　予防給付の対象サービス又は二次予防事業の場合は、○をつける

【本来行うべき支援が実施できない場合：当面の方針】

支援計画					
具体的な支援の内容	※1	サービス種別	サービス提供者（事業所）	頻度	期間
ボール体操、散歩を行う。できる家事に取り組む。音読、転記、日記をつける等脳を活発にする取り組みを行う。 Tさんと電話で話す。		本人	本人	適宜	令和元年6月1日～令和元年12月31日
①通院の付き添い、近くのSスーパーや地域で評判になっている食べ物を売っている店への買い物に付き添う。（長女夫婦） ②Tさんと電話で交流を続ける。 ③地域のスポーツセンターに同行し、個別リハビリプログラムに参加できるよう支援する。 ④介護予防教室に休まず通う		①長女夫婦 ②Tさん ③介護予防支援 ④●区・介護予防教室	①長女夫婦 ②Tさん ③〇地域包括支援センター ④●区A活き活き活動プラザ	適宜	令和元年6月1日～令和元年12月31日
定期的に運動機能を評価してもらい、数値のみえる化をはかり、本人のやる気を引き出し機能向上に努める。 3か月後に、Sスーパーに一人で行けるよう自宅で行う運動プログラム表を作成してもらう。	〇	デイサービス（総合事業）	●●デイセンター	1回/週	令和元年6月1日～令和元年12月31日
毎日の食事摂取状況を記録する。記録表を区で行う栄養士の相談会に持参し、栄養摂取方法を学ぶ。 地域の高齢者向け事業に、できるだけ参加し、自分に合う通いの場をみつける。		本人	本人	適宜	令和元年6月1日～令和元年12月31日
長女夫婦と食事をする際、近隣に、本人の好物を売っている店舗がないか、外食する場所がないか等本人と共に買い物に出向き調べる。		長女夫婦	長女夫婦	適宜	令和元年6月1日～令和元年12月31日
地域の会食サービスに出向くよう促す。 ●区の歯の健康診断の申込みを促し、歯科受診の機会をつくる。地域の通いの場について情報提供を行う。		地域包括支援センター	〇地域包括支援センター	適宜	令和元年6月1日～令和元年12月31日

135

D表

No. _____

利用者名　　　　万葉　和絵　　　　　様

		月	火	水
深夜	4:00			
早朝	6:00			
		ボール体操	ボール体操	ボール体操
午前	8:00	9:30 ～ 15:00 デイサービス		
	10:00			10:00 ～ 12:00 介護予防教室
午後	12:00		配食サービス	
	14:00			
	16:00		15分歩く	
夜間	18:00		Tさんとの電話	
	20:00			
	22:00			
深夜	0:00			
	2:00			
	4:00			

週単位以外 のサービス	万葉さんの取り組み：天気の良い日は自宅の周りを15分〈 緊急通報システム（●区）

介護予防週間支援計画表

木	金	土	日	主な日常生活上の活動
				起床・朝食
ボール体操	ボール体操	ボール体操	ボール体操	自宅でのボール体操
配食サービス	配食サービス	12時〜19時		昼食（●区配食サービス3/週）
		隔週で娘夫婦		
14:00〜14:30		と昼食・夕食		
安心電話				
15分歩く	15分歩く	15分歩く	15分歩く	15分歩く（晴天の日）
				夕食
Tさんとの電話		Tさんとの電話		Tさんとの電話（火・木・土）
				テレビを見ながら就寝

歩く。

利用者基本情報

作成担当者：梅花　宴

《基本情報》

相　談　日	令和元年6月1日（　）	来　所・電　話 その他（　　　　　）	初　回 再来（前　／　　）

| 本人の現況 | 在宅・入院又は入所中（　　　　　　　　　　　） |||

フリガナ 本人氏名	マンヨウ　カズエ 万葉　和絵　様	男・女	M・T・S 17年 1月 ○日生（78歳）

住　　所	東京都●区○○2丁目2番2号 202号	Tel	03（○○○○）○○○○
		Fax	（　　　）

日常生活 自立度	障害高齢者の日常生活自立度	自立・J1・J2・A1・A2・B1・B2・C1・C2
	認知姪高齢者の日常生活自立度	自立・I・IIa・IIb・IIIa・IIIb・IV・M

認定情報	非該当・要支1・要支2・要介1・要介2・要介3・要介4・要介5 有効期限：　元年　6月　1日〜　2年　5月　31日（前回の介護度　　　　） 基本チェックリスト記入結果　事業対象者の該当あり・事業対象者の該当なし 基本チェックリスト記入日：　元年　6月　3日

障害等認定	身障（　　）、療養（　　）、精神（　　）、難病（　　）

本人の 住居環境	自宅・借家・一戸建て・集合住宅・自室の有無（　）階、住宅改修の有無

経済状況	国民年金・厚生年金・障害年金・生活保護・その他（　遺族年金　12万円/月　）

来　所　者 （相談者）	小野　沙絵

住　　所 連　絡　先	東京都●区○○3丁目 3番3号	続柄	長女

緊急連絡先	氏名	続柄	住所・連絡先
	小野沙絵	長女	東京都●区○○ 3丁目3番3号

家族構成

◎＝本人、○＝女性、□＝男性
●■＝死亡、☆＝キーパーソン
主介護者に「主」
副介護者に「副」
（同居家族は○で囲む）

家族関係等の状況
長女は夫の両親と同居し、世話をしているため、本人の介護に2週間に1回訪問するのがやっとである（長女宅は自転車で15分）。

《介護予防に関する事項》

今までの生活	Y県に生まれる。同県内で、夫の家業である洋装店を40年間、共に営む。写真を趣味とする夫とドライブに行くことが趣味だった。本人は運転が得意で、どこへでも車を走らせていた。夫と休日を過ごすのが何よりも楽しみだった。 　平成29年、夫が前立腺がんで他界した。一人の生活に不安が強かったため都内に住む長女宅の近くに転居し1年が経過。公営住宅の2階に居住 長女は、知人もいない新しい土地での生活に母が慣れることができるか心配している。長女が介護保険を申請し要支援1と認定された。

現在の生活状況（どんな暮らしを送っているか）	1日の生活・すごし方			趣味・楽しみ・特技
	時間	本人	介護者・家族	洋服の繕い、ボタン付け等（洋裁学校で身につけた。）老眼が進み、現在は行っていない。 テレビでお笑い番組を見るのが楽しみ
	6：00	起床・朝食		
	7：00	ボール体操		友人・地域との関係
	12：00	昼食（配食4/週）		幼なじみのTさん（Y県在住）との電話 1年前に長女宅の近くに転居したため、現居での友人等はいない。
	16：00	散歩（15分）		
	18：00	夕食		
	19：00	Tさんと電話 （3/週）		

《現病歴・既往歴と経過》（新しいものから書く・現在の状況に関連するものは必ず書く）

年月日	病名	医療機関・医師名 （主治医・意見作成者に☆）		経過	治療中の場合は内容
8年前	高血圧	G病院	☆ H医師	(治療中) 経観中 その他	月1回受診 内服あり　降圧剤イルベタン、アダラート、ロコルナール
8年前	腰痛症	K病院	L医師	(治療中) 経観中 その他	月1回受診 内服あり　セレコックス、レバミピド
8年前	骨粗鬆症	K病院	L医師	(治療中) 経観中 その他	月1回受診 内服あり　アスパラCA
				治療中 経観中 その他	

《現在利用しているサービス》

公的サービス	非公的サービス
デイサービス、介護予防教室、配食サービス 安否確認事業、緊急通報システム	

　地域包括センターが行う事業の実施に当たり、利用者の状況を把握する必要があるときは、要介護認定・要支援認定に係る調査内容、介護認定審査会による判定結果・意見、及び主治医意見書と同様に、利用者基本情報、支援・対応経過シート、アセスメントシート等の個人に関する記録を、居宅介護支援事業者、居宅サービス事業者、介護保険施設、主治医その他本事業の実施に必要な範囲で関係する者に提示することに同意します。

令和　元　年　6月　3日　　氏名　万葉　和絵　　　㊞

介護予防支援アセスメント用情報収集シート

氏名： 万葉　和絵　様　　年齢： 78 歳　　性別： 男・⊘女　　令和元 年　6 月　3 日

1. 運動・移動について

自宅内を転倒の不安なく歩くことができますか	□ はい ■ 手すりや杖に頼らないと不安である □ 介助を受けている	転倒不安の内容 つたい歩きをしている。転倒の不安がある。（自宅内で転倒の履歴あり）	**考えられる原因** 腰痛症のため歩行等に不安がある。 **留意点** 腰痛緩和のための専門職によるリハビリ等の指導を受けると共に、自宅で行える運動を実施する必要がある。 **本人・家族の意向** 本人：90歳までは自分の足で歩きたいと考えている。 長女：自信を無くし辛い思いをしているので、少しでも自信が持てるようになって欲しい。 その他
屋外を安全に歩くことができますか	□ はい □ 自宅の周辺なら歩ける ■ 杖や補助具が必要である □ 介助があれば歩ける □ 車椅子が必要である	介助の状況や歩ける距離等 家の周り程度であれば歩行器を使用して歩行できる。長時間の歩行は難しい。（近くのコンビニまで300メートル、スーパーまで500メートル）	
交通機関を利用して外出することができますか	□ ひとりでできる 《利用している交通機関》 電車・バス・タクシー・車運転・自転車・その他（　　　　　） ■ 介助がないとできない	介助の状況 月に1回の受診時は長女が付き添う。	
階段・段差の昇降は壁や手すりを伝わらずできますか	□ はい ■ いいえ		
1週間にどのくらい外出していますか	□ 毎日 ■ 2～3日程度 □ 4～5日程度 □ 1日程度	外出理由 デイサービス1回/週 A活き活き活動プラザ1回/週（好天時に15分程度の散歩を5日/週）	

2. 日常生活（家庭生活）について

日用品の買い物を自分で選んでしていますか	■ はい □ 自分で考えて頼んでいる □ 人に任せている	主な支援者	**考えられる原因** 腰痛が原因で掃除などの家事が難しい。 **留意点** 腰に負担がかからない家事に取り組む。これまでできていた家事が行えることで、自信を持って生活できる可能性がある。 **本人・家族の意向** 本人：お父さんがいなくなって気力がなくなってしまったけれど、できること（家事）を減らさないようにしたい。 長女：母の意欲が高まっているので、トイレや浴室の掃除が自分でできるような工夫をしてみたい。 その他
預貯金の出し入れをしていますか	■ はい □ 自分で考えて頼んでいる □ 人に任せている	主な支援者	
公的書類の届けや契約などを自分で行っていますか	□ はい ■ 自分で考えて頼んでいる □ 人に任せている	主な支援者 長女（要介護認定の申請を長女が行う。）	
場面や季節・天気に合わせて着るものや履くものなどを着用していますか	■ はい □ いいえ	主な決定者	
献立を考え自分で調理をしていますか	■ はい □ 手伝ってもらえればできる □ いいえ	支援内容等 朝と夜は菓子パン、昼は配食サービスと週に2回煮物や焼き魚を作る。	
掃除を自分で行っていますか	□ はい ■ 手伝ってもらえればできる □ いいえ	支援内容等 トイレや浴室等のかがんで行う掃除は長女が支援	
洗濯・ゴミ捨てなどを自分で行っていますか	■ はい □ 手伝ってもらえればできる □ いいえ	支援内容等	
花木・ペットなどの世話を自分で行っていますか	□ はい □ 手伝ってもらえればできる ■ いいえ	支援内容等	

3. 社会参加・対人関係・コミュニケーションについて

テレビ・新聞など社会の出来事に関心がありますか	■ はい □ いいえ	人から話を聞いて、好きな食べ物店に買い物に行く。	**考えられる原因** 夫の死により一人暮らしの生活に不安を感じ、長女宅の近くに転
趣味や楽しみ、好きでやっていることはありますか	■ はい □ いいえ	趣味や楽しみの内容 テレビでお笑い番組を見る。	

参考

介護予防支援アセスメント用情報収集シート

氏名： 万葉　和絵　様　　年齢：　78　歳　　性別：　男・⑭女　　令和元　年　6月　3日

項目	回答	備考	留意点・意向
家族と良く話をしていますか	□ はい ■ いいえ	長女は仕事があり、夫の両親の世話もあるため、月に2回の訪問時の会話程度である。	居したが隣近所との交流もなく、気の合う友人もいない生活の中で孤独を感じている。 **留意点** 転居後間もないため、なかなか現在の地域になじめていない本人の気持ちを理解し、徐々に地域の老人会の人との交流ができるような場の設定が必要 **本人・家族の意向** 本人：親しくできる友達を作りたいという意思がある。 長女：馴染みのない土地での暮らしを始め頑張っている母を支えたい。 **その他**
友人や近隣の人たちとの関係は良いですか	■ はい □ いいえ	幼なじみのTさん（Y県在住）と週に3回電話で話す。	
友人を招いたり、友人の家を訪問したりしていますか	□ はい ■ いいえ	1年前に長女宅の近くに転居したため、近隣に友人がいない。	
仕事を続けていますか（自営業や簡単な作業）	□ はい ■ いいえ	仕事の内容 長年洋裁の仕事をしていたが、老眼が進行したため、今は行っていない。	
ボランティア活動や老人クラブ・町内会の活動に参加していますか	□ はい ■ いいえ	参加の状況	
家庭や地域での役割を持っていますか	□ はい ■ いいえ	具体的な役割	

4. 健康管理について

項目	回答	備考	留意点・意向
健康であると思いますか	□ はい ■ いいえ	疾病状況　食欲がなく体重が減少している。	**考えられる原因** 歯肉炎や義歯装着時の痛みがある。 **留意点** 食事量の減少や食欲低下による体重の減少に関しては、原因が推測されるので、早急に対応する必要がある。 **本人・家族の意向** 本人：好きな豚カツやレンコン、漬物が食べられるようになりたい。 長女：最近やせてきたのでしっかりと栄養のある食事を摂って欲しい。 **その他**
運動をしたり休養をとったりしていますか	■ している □ していない	内容・していない理由等	
定期的に受診していますか	■ している □ していない	内容・していない理由等	
身だしなみや身体の清潔を心がけていますか	■ はい □ いいえ		
喫煙・飲酒の状態はどうですか	■ 両方ともしない □ 喫煙する □ 飲酒する	喫煙　1日　本 飲酒量	
トイレの失敗はありますか	□ 良くある □ たまにある ■ ない		
よく眠れていますか	■ はい □ いいえ	睡眠時間 9時間（22:00～7:00）	
薬を飲み忘れず管理していますか	□ はい □ いいえ	服薬の内容・管理している人 月に2回訪問する長女が薬カレンダーをチェックしている。	
自分で物忘れがあると思いますか	□ はい ■ いいえ		

5. その他の確認事項について

項目	回答	備考
自分のことは自分で決めていますか	■ 決めている □ 決めていない	主な決定者
住まいのことで何か問題はありますか	■ 特に問題なし □ 問題あり	問題点
経済的な状況はどうですか	■ 特に問題なし □ 問題あり	問題点
家族や友人、近隣の人たちから支援を受けることができますか	■ 現在受けている □ 現在は受けていないが受けることはできる □ 受けられない	受けられない理由

基本チェックリスト

利用者	万葉　和絵	担当者	梅花　宴	実施日	令和元年6月3日

No.	質問項目	回答：いずれかに○ をお付けください	
1	バスや電車で1人で外出していますか	0. はい	(1. いいえ)
2	日用品の買い物をしていますか	(0. はい)	1. いいえ
3	預貯金の出し入れをしていますか	(0. はい)	1. いいえ
4	友人の家を訪ねていますか	0. はい	(1. いいえ)
5	家族や友人の相談にのっていますか	(0. はい)	1. いいえ
6	階段を手すりや壁をつたわらずに昇っていますか	0. はい	(1. いいえ)
7	椅子に座った状態から何もつかまらずに立ち上がっていますか	0. はい	(1. いいえ)
8	15分位続けて歩いていますか	(0. はい)	1. いいえ
9	この1年間に転んだことがありますか	1. はい	(0. いいえ)
10	転倒に対する不安は大きいですか	(1. はい)	0. いいえ
11	6ヶ月間で2～3kg以上の体重減少がありましたか	1. はい	(0. いいえ)
12	身長　160cm　体重　40kg　（BMI＝15.6　）(注)	18.5以上	(18.5未満)
13	半年前に比べて固いものが食べにくくなりましたか	(1. はい)	0. いいえ
14	お茶や汁物等でむせることがありますか	1. はい	(0. いいえ)
15	口の渇きが気になりますか	1. はい	(0. いいえ)
16	週に1回以上は外出していますか	(0. はい)	1. いいえ
17	昨年と比べて外出の回数が減っていますか	(1. はい)	0. いいえ
18	周りの人から「いつも同じ事を聞く」などの物忘れがあると言われますか	1. はい	(0. いいえ)
19	自分で電話番号を調べて、電話をかけることをしていますか	(0. はい)	1. いいえ
20	今日が何月何日かわからない時がありますか	1. はい	(0. いいえ)
21	（ここ2週間）毎日の生活に充実感がない	1. はい	(0. いいえ)
22	（ここ2週間）これまで楽しんでやれていたことが楽しめなくなった	1. はい	(0. いいえ)
23	（ここ2週間）以前は楽にできていたことが今はおっくうに感じられる	(1. はい)	0. いいえ
24	（ここ2週間）自分が役に立つ人間だと思えない	1. はい	(0. いいえ)
25	（ここ2週間）わけもなく疲れたような感じがする	1. はい	(0. いいえ)

(注)　BMI＝体重（kg）÷身長（m）÷身長（m）が18.5未満の場合に該当とする

基本チェックリスト結果（○印：必要な支援）

1～5※ [5項目]	6～10 [5項目]	11～12 [2項目]	13～15 [3項目]	16～17 [2項目]	18～20 [3項目]	21～25 [5項目]	合計
	運動器の 機能向上	栄養改善	口腔機能 の向上	閉じこもり 予防	物忘れ予防	うつ予防	
2	3	1	1	1	0	1	9
—	○						

※数字は、基本チェックリストの質問項目No.です。

参　考

－介護予防サービス・支援計画表（東京都推奨様式）－

国の標準様式は、区市町村が地域の実情に応じて変更できますが、区市町村が個々に行った場合、複数の区市町村から同時に業務を受託する居宅介護支援事業者の負担が増す可能性があるため、平成18年厚生労働省老健局振興課長通知により定められた標準様式を基本に、東京都が提案しました。

本様式の使用や変更は、各区市町村が実情に応じて判断しています。

介護予防支援業務委託を受ける指定居宅介護支援事業所は、委託契約の際に、使用する様式の確認が必要となります。

参考文献一覧

○　佐藤信人「尊厳－あなたがいなければ、私はいない－」ぱーそん書房 2019

○　佐藤信人「ケアプラン作成の基本的考え方」中央法規出版 2008、2013

○　厚生労働省老健局振興課長通知平成27年6月5日老振発0605第1号「介護予防・日常生活支援総合事業における介護予防ケアマネジメント（第1号介護予防支援事業）の実施及び介護予防手帳の活用について」2015

○　東京都「保険者と介護支援専門員が共に行うケアマネジメントの質の向上ガイドライン」2014

○　東京都介護支援専門員業務の手引作成委員会編「居宅介護支援専門員業務の手引　改訂（3版)」東京都 2013

○　東京都介護支援専門員業務の手引作成委員会編「介護保険施設における施設のケアマネジメントの在り方と介護支援専門員業務の手引　改訂2版」東京都 2013

○　東京都介護支援専門員業務の手引作成委員会編「予防給付ケアマネジメントにおける介護支援専門員業務の手引　改訂版」東京都 2013

「リ・アセスメント力　編集委員会」委員名簿

編集委員

小峰　良子……公益社団法人東京都介護福祉士会

千葉　明子……社会福祉法人台東区社会福祉事業団　総務課 人材育成主査

羽石　芳恵……野口株式会社　介護ショップ　ハーティケア

牧野　和子……港区立南麻布地域包括支援センター　主任介護支援専門員・社会福祉士

牧野　雅美……アースサポート株式会社　ケアマネジャー・地域包括リーダー

助言者

佐藤　信人……社会福祉法人浴風会　認知症介護研究・研修東京センター　副センター長

（五十音順）

リ・アセスメント力
～リ・アセスメント支援シートを活用したケアマネジメント事例集～

2020 年 1 月　第 1 刷発行

編集　リ・アセスメント力編集委員会

発行　公益財団法人東京都福祉保健財団
〒163-0719　東京都新宿区西新宿2-7-1　小田急第一生命ビル19階
TEL：03(3344)8632　　FAX：03(3344)8594

印刷・製本　そうめいコミュニケーションプリンティング

ISBM　978-4-902042-58-0
Printed in Japan　ⓒ2020 東京都福祉保健財団

●許可なく転載・複製をしないでください。